DAVID ZINN

SLUGGO & PHIL

KREIDEKUNST

mitteldeutscher verlag

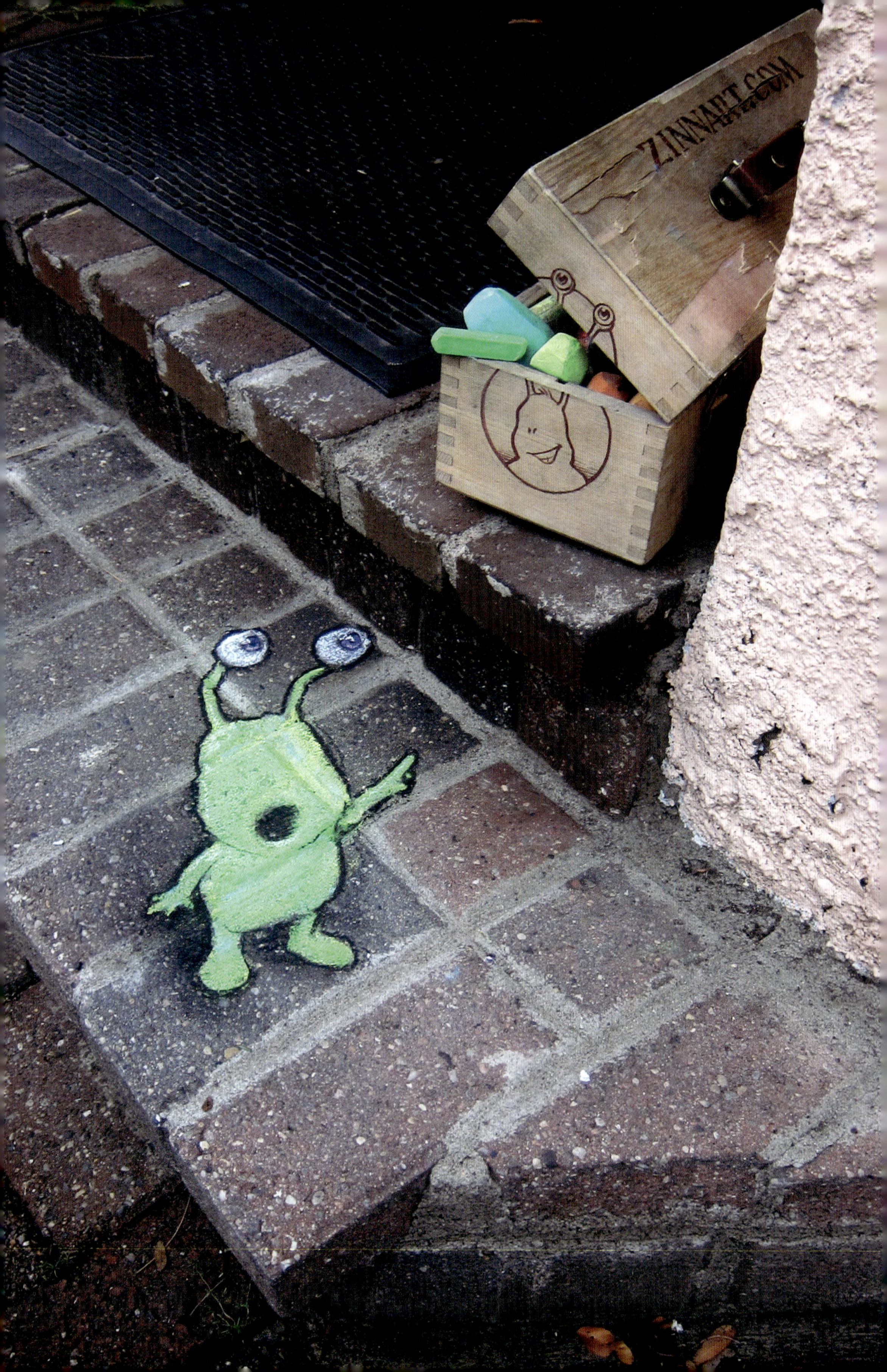
ZINNART.COM

INHALT

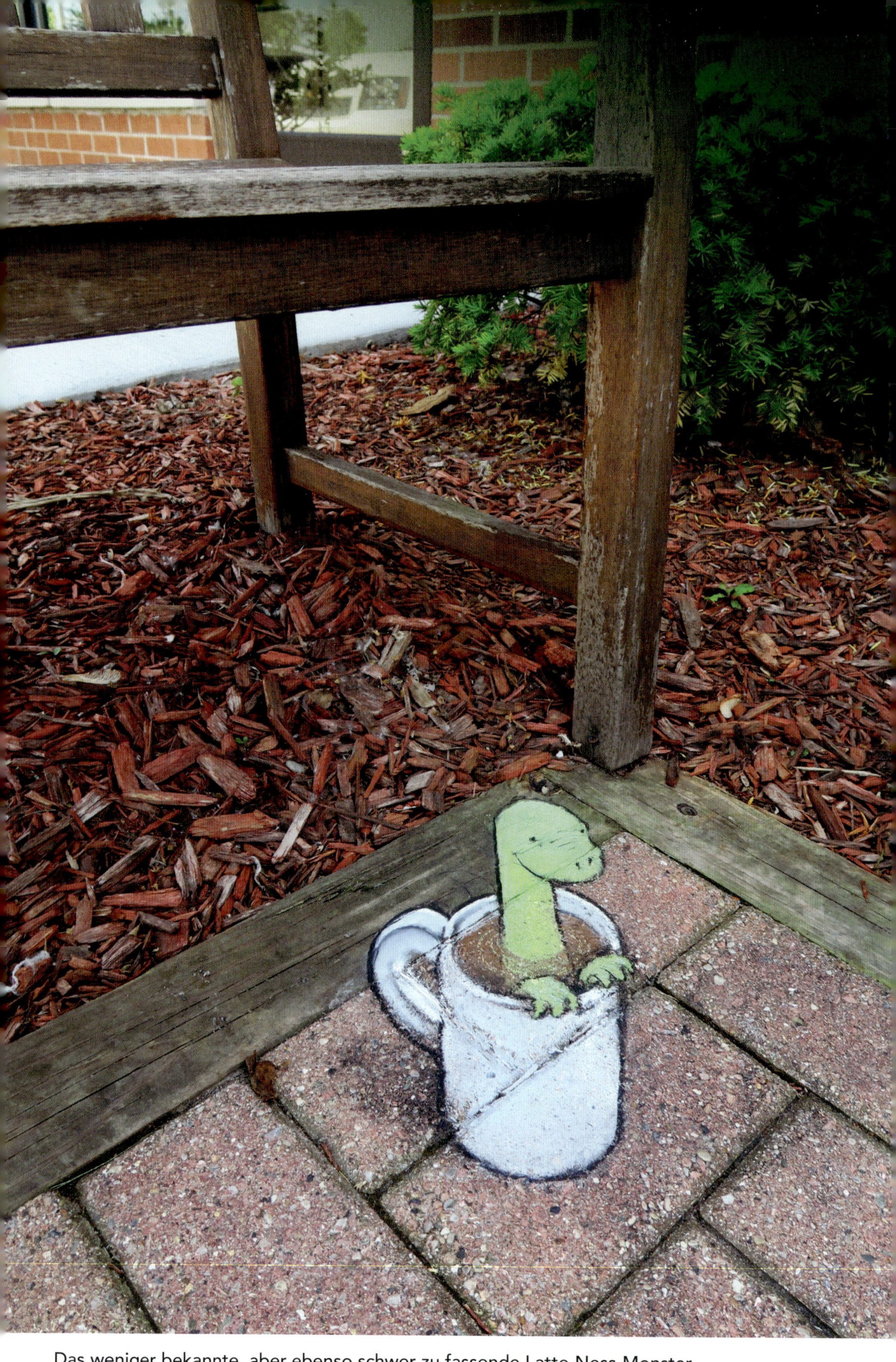

Das weniger bekannte, aber ebenso schwer zu fassende Latte-Ness-Monster

ÜBER DIE ANGST VOR DER LEEREN LEINWAND (UND DIE WERTSCHÄTZUNG DRECKIGER BÜRGERSTEIGE)

Ich habe fürchterliche Angst vor leeren Leinwänden. Ich glaube nicht, dass dies so ungewöhnlich ist; schließlich würde es erklären, warum so viele Leute behaupten, sie könnten nicht zeichnen, aber dennoch fröhlich ihren Seitenrand vollkritzeln. Darum ist es auch so viel befriedigender, jemandem ohne Schnurrbart einen solchen anzumalen, als ein Portrait von jemandem mit Schnurrbart zu zeichnen. Ich glaube, die meisten von uns, Künstler und Nichtkünstler gleichermaßen, halten ein leeres Blatt Papier eher für einen Fluch als für einen Segen. Es gibt einfach zu viele Möglichkeiten und wir haben Angst, dass wir unsere Entscheidung bereuen und uns nach dem leeren Blatt zurücksehnen könnten.

Als Kinder haben mein Bruder und ich dieses Problem durch gegenseitige Zerstörung unserer jeweiligen leeren Seiten gelöst: Ich kritzelte irgendeine bedeutungslose Form auf seine, und er krakelte sinnlose Kleckse auf meine. Die Aufgabe war dann, irgendetwas aus dem zu machen, was ansonsten nur ein ruiniertes Blatt Papier gewesen wäre. Zum Glück beflügelt nichts die Phantasie so sehr wie willkürliches Gekritzel, das vage aussieht wie ein Robo-Leguan.

Neulich, als ich nach einer Ausrede suchte, um rausgehen zu können und dabei, rein technisch gesehen, zu „arbeiten", fiel mir auf, dass der Bürgersteig einem schon bekritzelten Blatt Papier gar nicht so unähnlich ist. Wo man auch hinschaut, überall gibt es Flecken, Risse und Spritzer, die das Kind in mir förmlich anbetteln, sie in etwas anderes zu verwandeln. Oft sind das Dinge, die ich noch nie zuvor gezeichnet habe; manchmal bin ich mir nicht einmal sicher, um was es sich handelt, wenn sie fertig sind. Glücklicherweise muss man sich keine Gedanken darum machen, wie „gut" die „Kunst" ist, denn letztendlich ist es nur Kreidestaub auf dem Boden, den der Regen schon bald

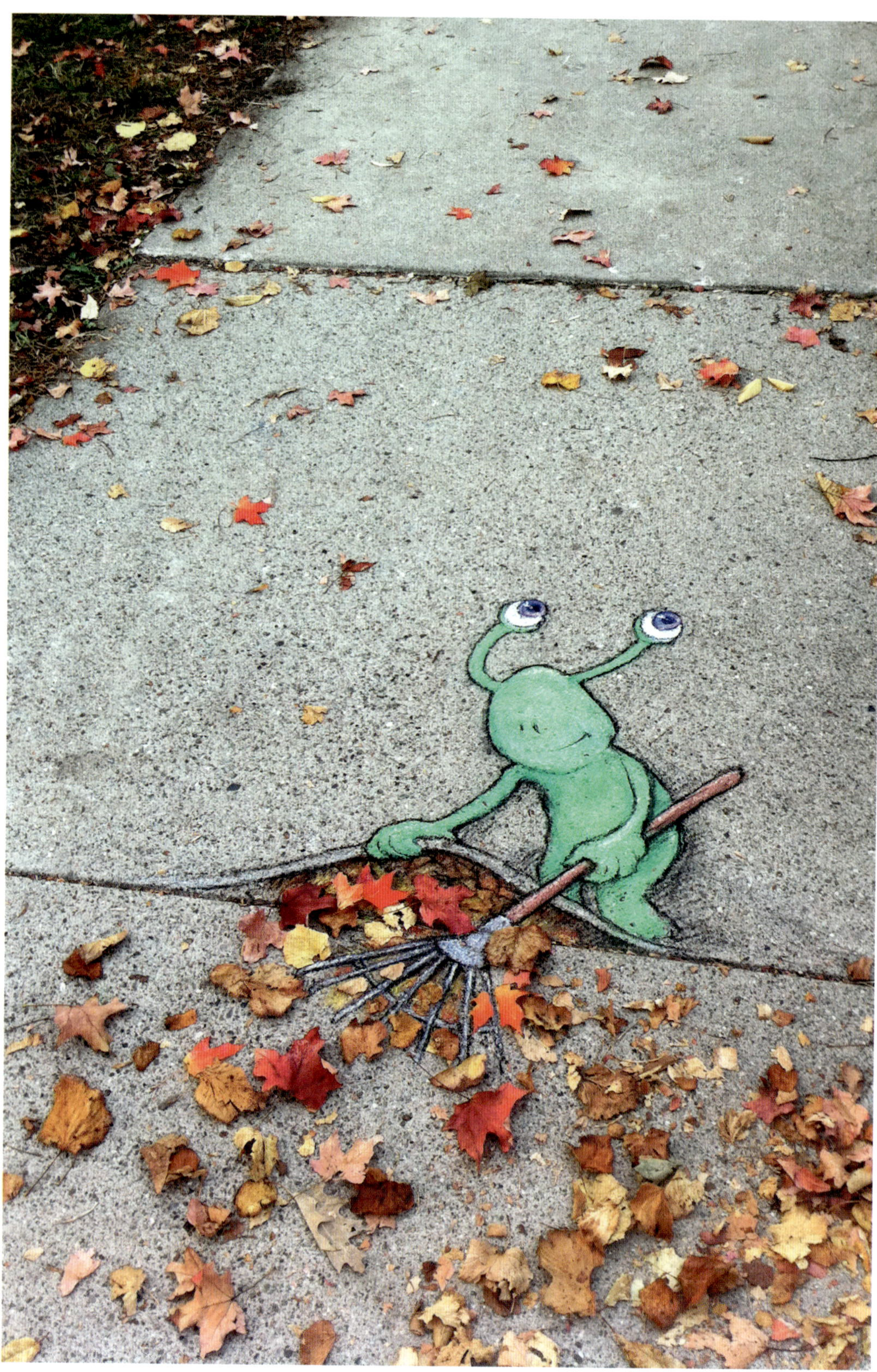

Laubharken leichtgemacht

davonträgt. Wenn ich Glück habe, wird mein Werk vorher sogar noch jemand sehen … oder ihm sogar noch einen Schnurrbart verpassen.

Das Foto linker Hand ist wohl mein bekanntestes Streetart-Werk. Das Original hatte ich im Oktober 2010 gegenüber von meinem Haus gezeichnet; kurz darauf wurde es vom Regen wieder getilgt. Und dennoch durchstreift das Bild noch immer die Gassen des Internets (und wenn man den E-Mails Fremder Glauben schenken kann, auch die Straßen von Sao Paulo und Shanghai), wo es alle paar Monate als Beispiel für die verrückten Dinge dient, die Menschen mit Kreide und zu viel Freizeit so anstellen.

Dieses Fortbestehen ist ebenso erfreulich wie frustrierend, weil es das Paradoxon des Teilens von Kreidekunst online verdeutlicht: Die Zeichnung selbst hält nur ein paar Tage, aber ein hochgeladenes Foto ist genauso unvergänglich wie Peinlichkeiten aus der Kindheit, an die sich die eigene Mutter nur allzu gern erinnert. Sie wollen vergessen, dass Sie ständig dieses absurde Alien ohne Füße und mit viel zu viel Torso gezeichnet haben? Pech gehabt.

Positiv daran ist allerdings, dass ich dieses Bild als Musterbeispiel dafür verwenden konnte, welche Vorteile es mit sich bringt, die Welt als Leinwand zu nutzen: Von allen visuellen Elementen auf diesem Foto musste ich lediglich die Kreatur und die Harke zeichnen. Wäre es eine konventionelle Illustration gewesen, so hätte allein das Skizzieren der einzelnen Blätter ewig gedauert.

Das Bild auf Seite 10/11 trägt zwei Titel. Ursprünglich diente es dem Hands-On Museums in Ann Arbor als Dekoration für seine „Creature Feature Night", eine Veranstaltung, bei der Kinder exotische Tiere zu Gesicht bekamen (und umgekehrt). Wie so viele der Zeichnungen in diesem Buch, so hat auch diese ohne jegliche Planung begonnen; ich zeichnete eine Schlange, weil ich gerade eine gesehen hatte, und die Mäuse habe ich dann später als Erklärung für ihren verwirrten Blick hinzugefügt. Sie fand ihren Weg in die sozialen Medien unter dem Titel „Nachahmung ist die höchste Form der Schockiererei", erstens, weil ich nicht erklären konnte, was in diesem Bild eigentlich passiert; und zweitens, weil ich einen Grund finden wollte, um das Wort „Schockiererei" zu verwenden.

Ein halbes Jahr später tauchte dieses Bild auf Twitter wieder auf und fand sehr viel mehr Zuspruch, als es ursprünglich erfahren hatte. Als ich nachschauen wollte, was eigentlich vor sich ging, hatte bereits jemand einen weitaus passenderen Titel gefunden: „Einigkeit macht stark".
Dies ist für mich der größte Zaubertrick der Kunst. Man muss nicht wissen, was man tut, damit das Resultat wirkungsvoll ist. Vielmehr verhält es sich so, dass je weniger man versucht, Botschaften in seiner Kunst zu verpacken, umso mehr Platz für andere bleibt, für sich selbst eine Bedeutung daraus zu ziehen. Es ist wie das Gegenteil von übersinnlichen Fähigkeiten.

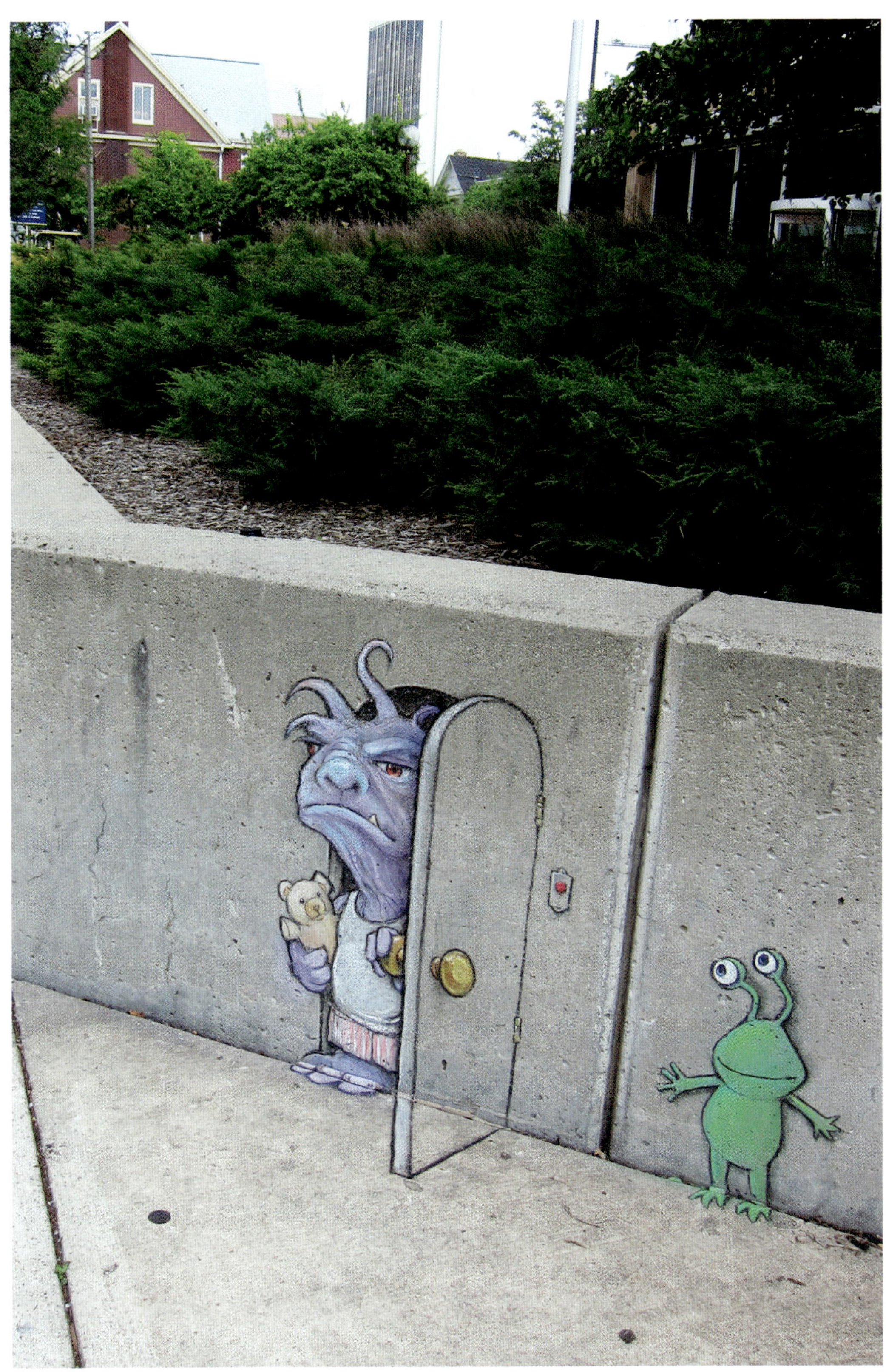

Wo andere nachts poltern, da poltert Sluggo gern am Tage

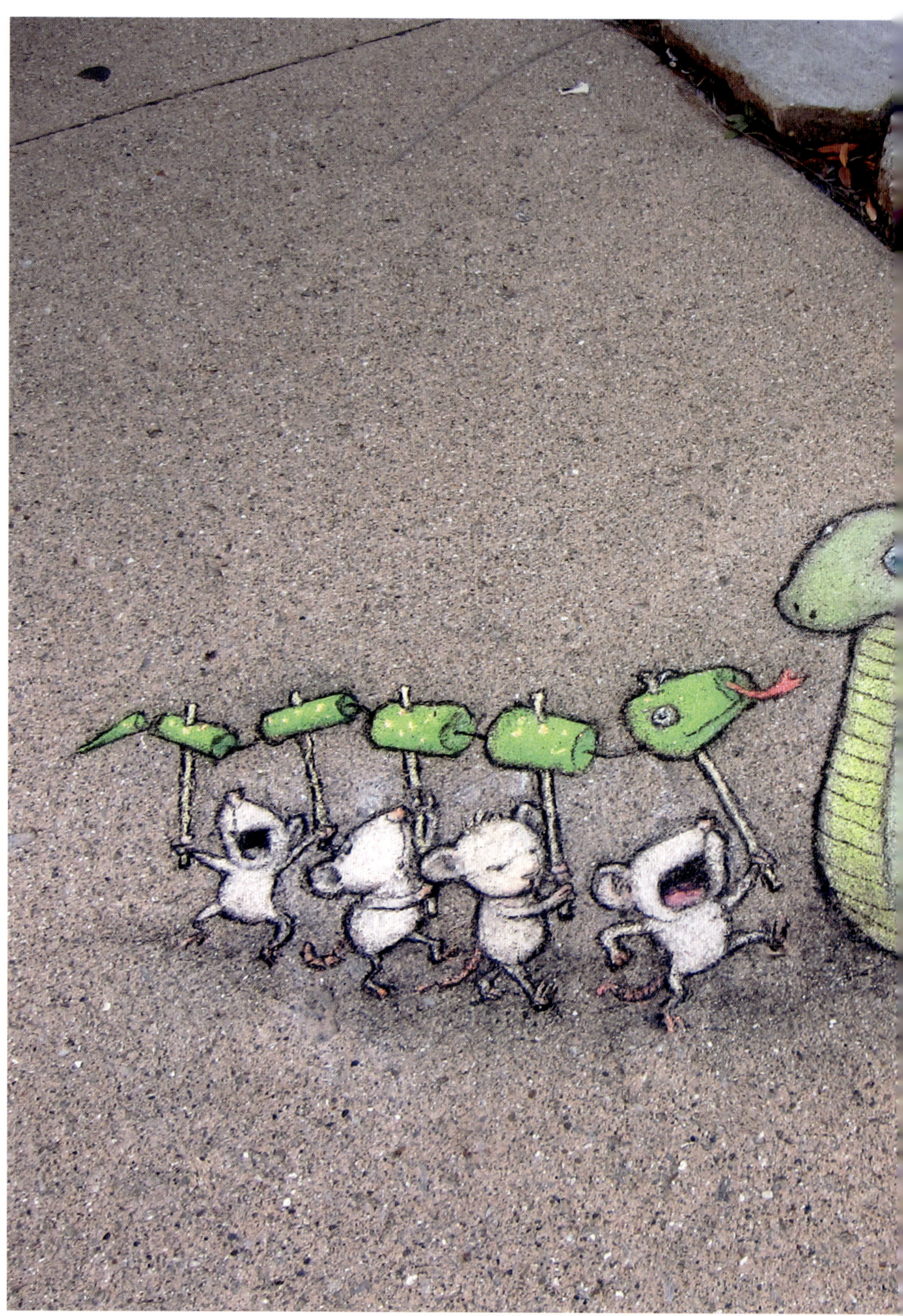

Nachahmung ist die höchste Form der Schockiererei oder Einigkeit macht stark

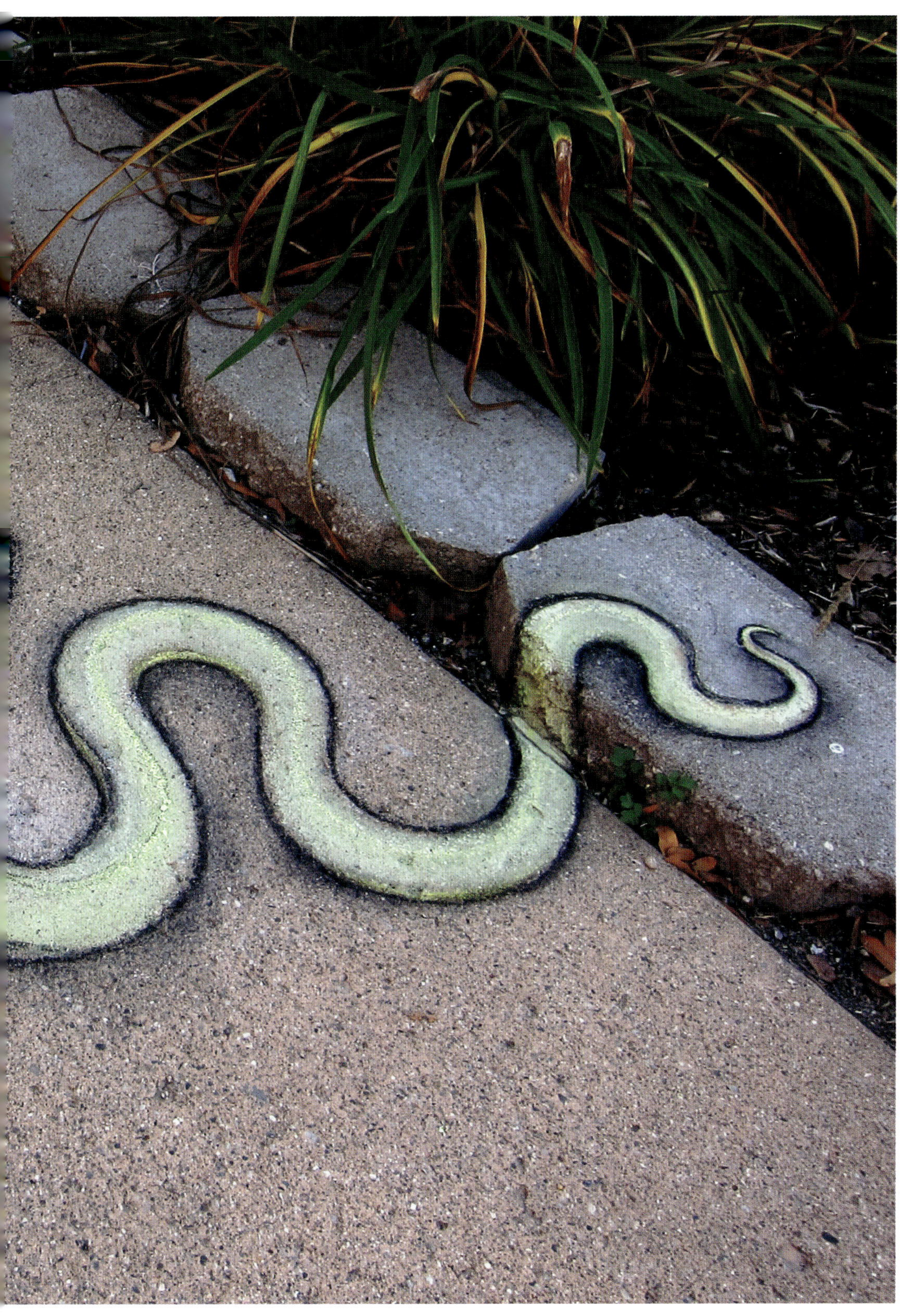

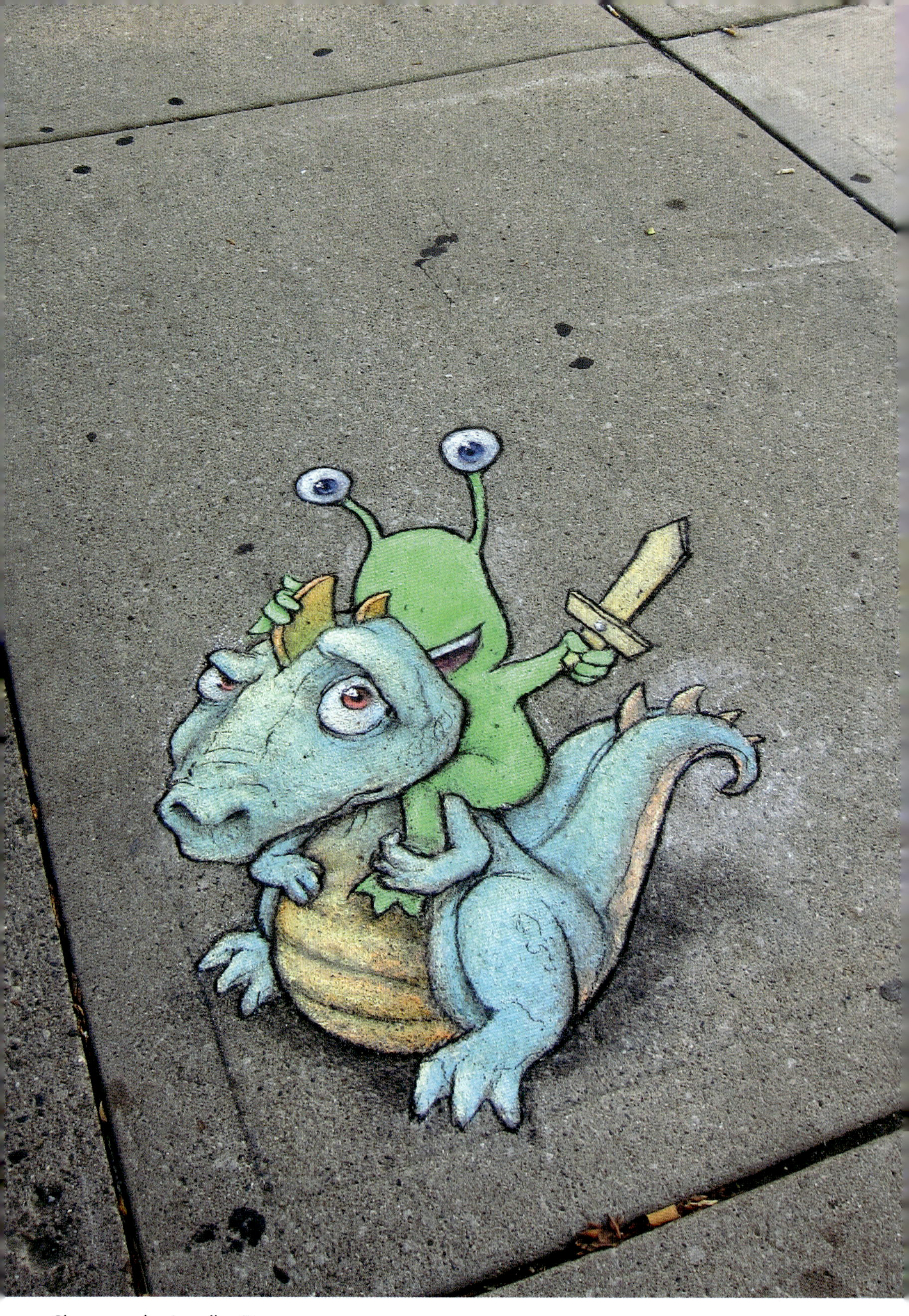

Sluggo und sein edles Ross

DER IMPROVISIERTE URSPRUNG VON SLUGGO

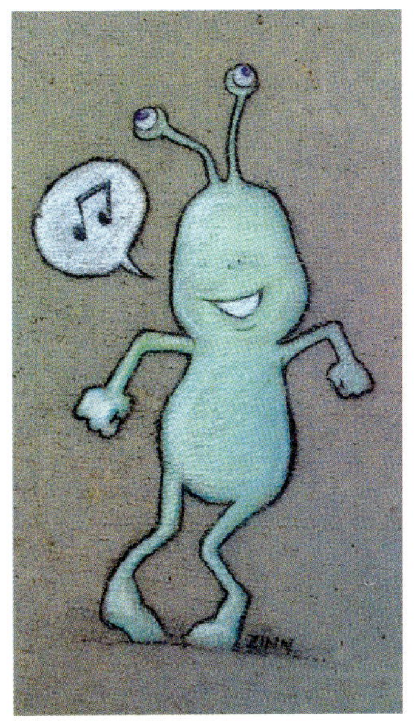

Sluggo tauchte das erste Mal auf, als ich eines Tages auf dem Weg neben meinem Haus kniete und gutgelaunt die Punkte auf dem Beton zu einem augenscheinlich fröhlich tanzenden und zappelnden Kind verband. Aufgrund der eigentümlichen Anordnung der Flecken auf dem Boden war sein Kopf sehr klein geraten, wie eine Aubergine. Als ich aber ein Gesicht in diesen auberignenförmigen Kopf zeichnen wollte, konnte ich keine Stelle finden, an der die Augen nicht unbehaglich und traurig gewirkt hätten. Das war das erste Mal, dass ich Probleme damit hatte, eine Zeichnung fertigzustellen, und es war äußerst ärgerlich. In einem Wutanfall malte ich seine Augen schließlich ein gutes Stück über seinem Kopf – beinahe so, als würde ich Rache nehmen an diesem furchtbaren Kind, das mir meine stressfreie Kreativität auf dem Gehweg geraubt hatte. In diesem Moment wurde aus dem traurigen, unbehaglichen Kind ein fröhliches, tapsiges Monster und wir sind seither die besten Freunde.

Man muss allerdings wissen, dass die Freundschaft zu seinen Bedingungen existiert und dass er nur dann vorbeikommt, wenn ihm gerade danach ist. Ich versuche, den Leuten nicht zu versprechen, Sluggo für sie zu zeichnen, denn er erscheint nicht einfach so auf Kommando. Sluggo ist einfach mit Leib und Seele ein Superstar.

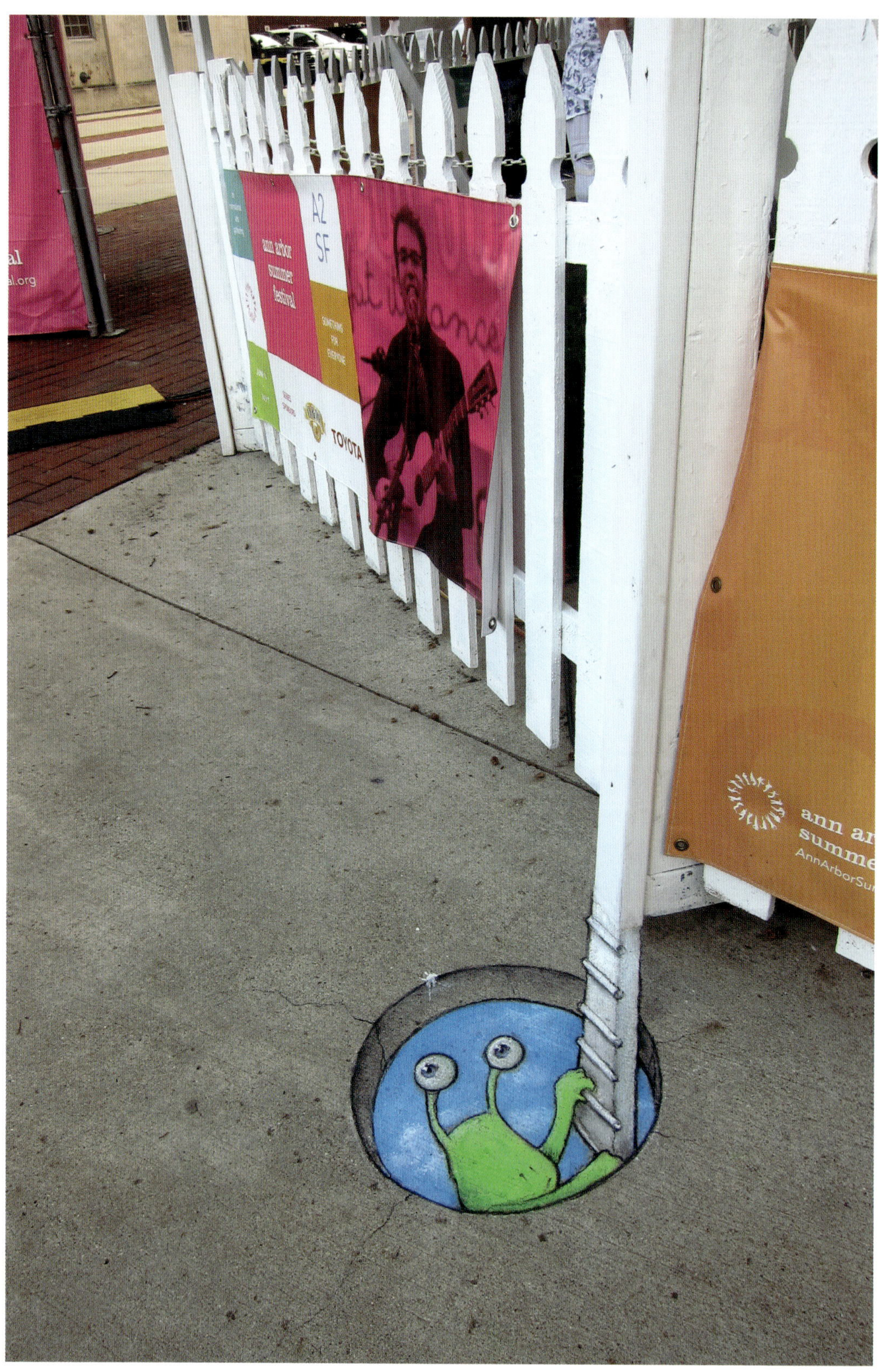

Abgang unter die Bühne

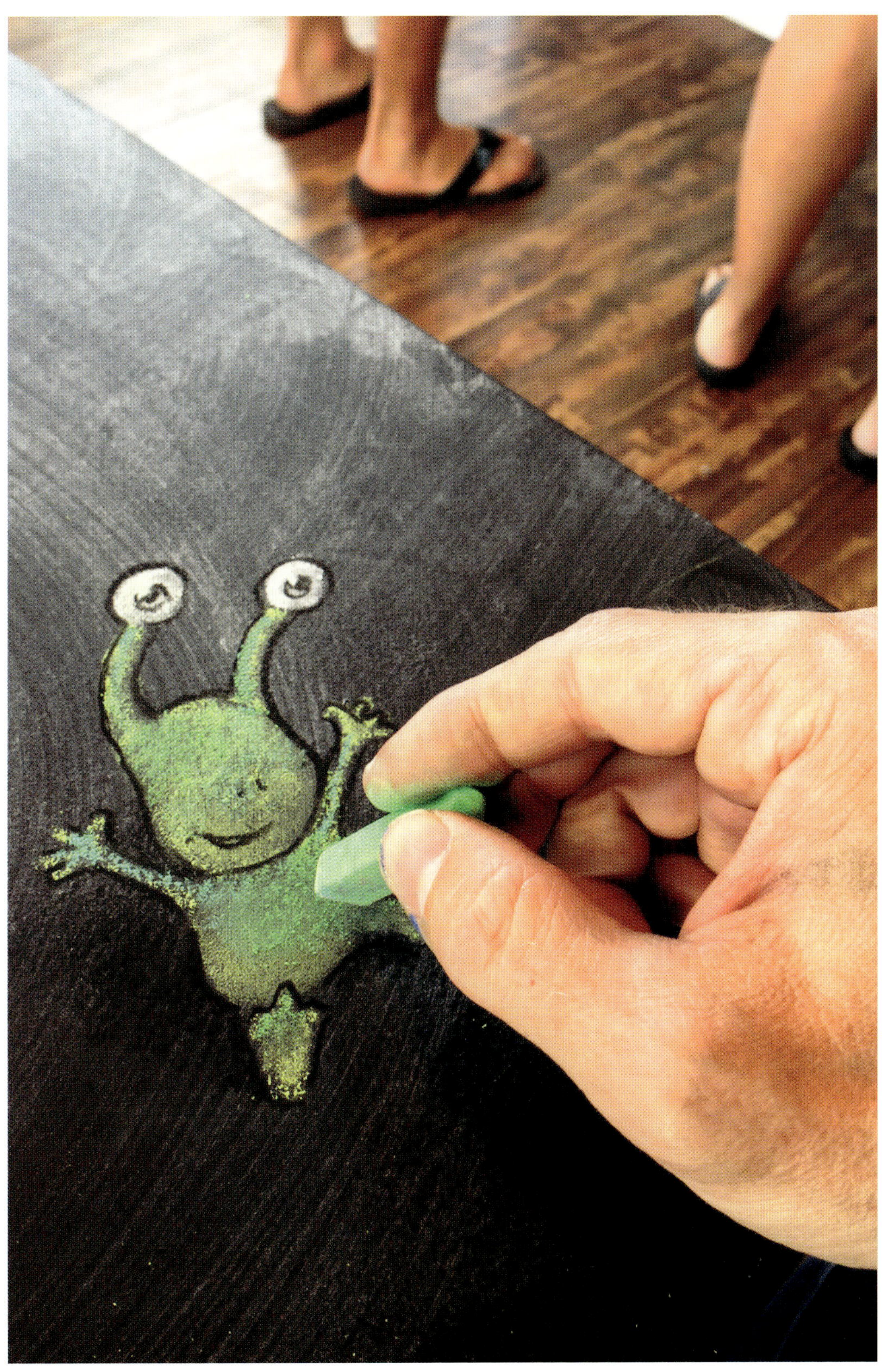

Zu seinen vielen Tugenden zählt Sluggos bewundernswert positive Art, seinem Schöpfer gegenüberzutreten

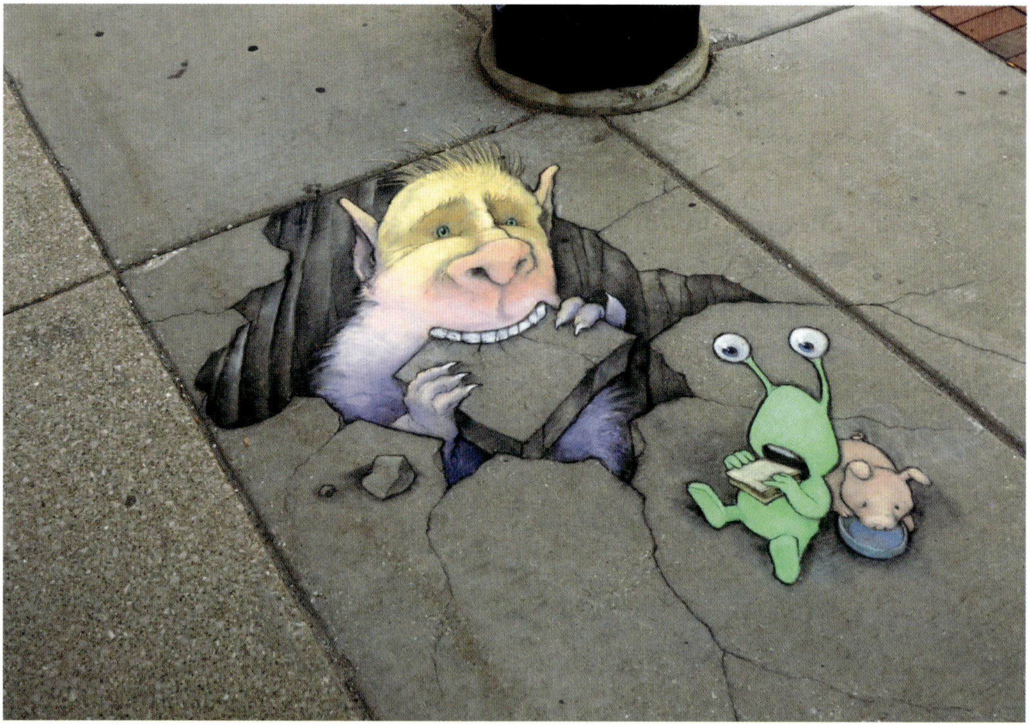

Später fragte Sluggo sich, ob er wohl spezifischer hätte sein sollen, als er ein „Gehweg-Picknick" vorschlug

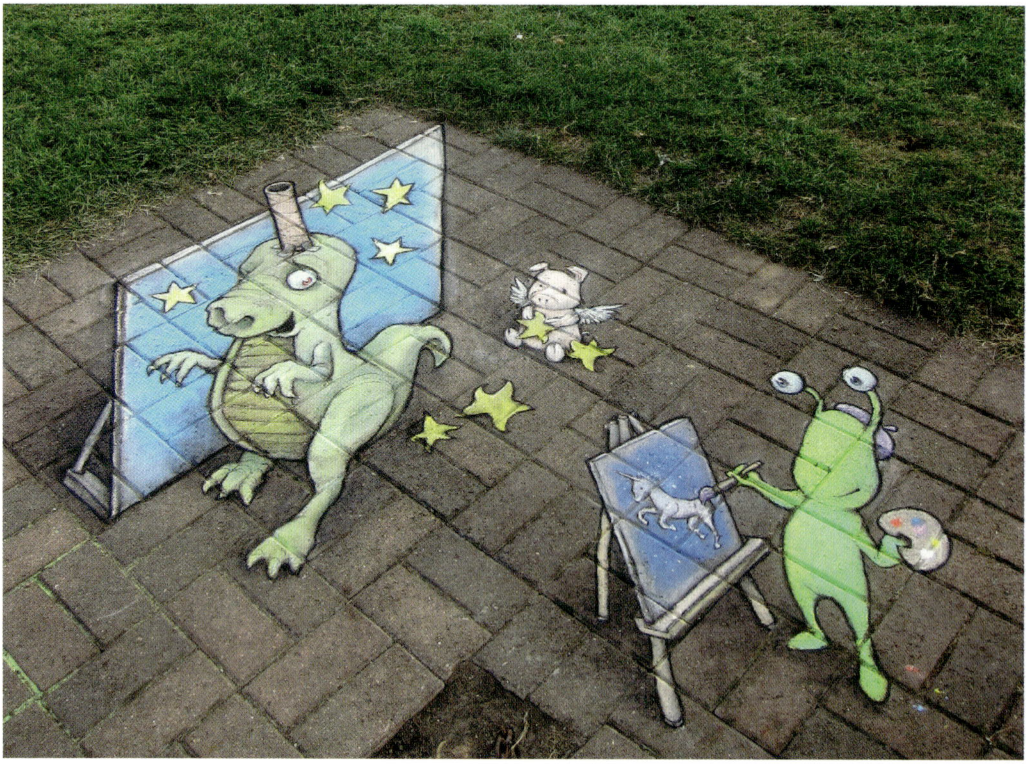

„Kunst ist eine Lüge, die uns die Wahrheit begreifen lehrt." – Pablo Picasso

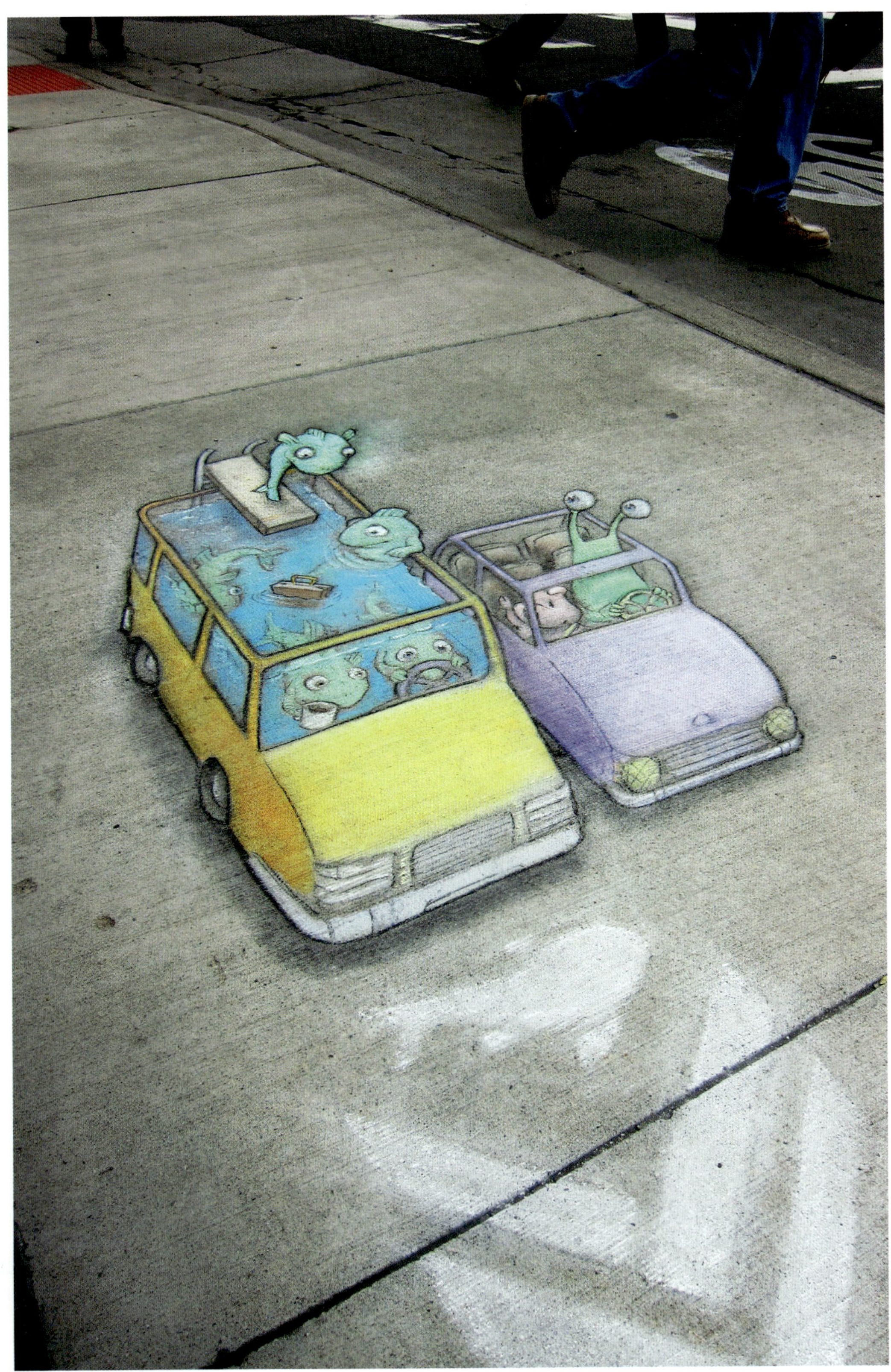

2013 führte Ann Arbor spezielle Seewege für Fische und die Freunde schlechter Wortspiele ein

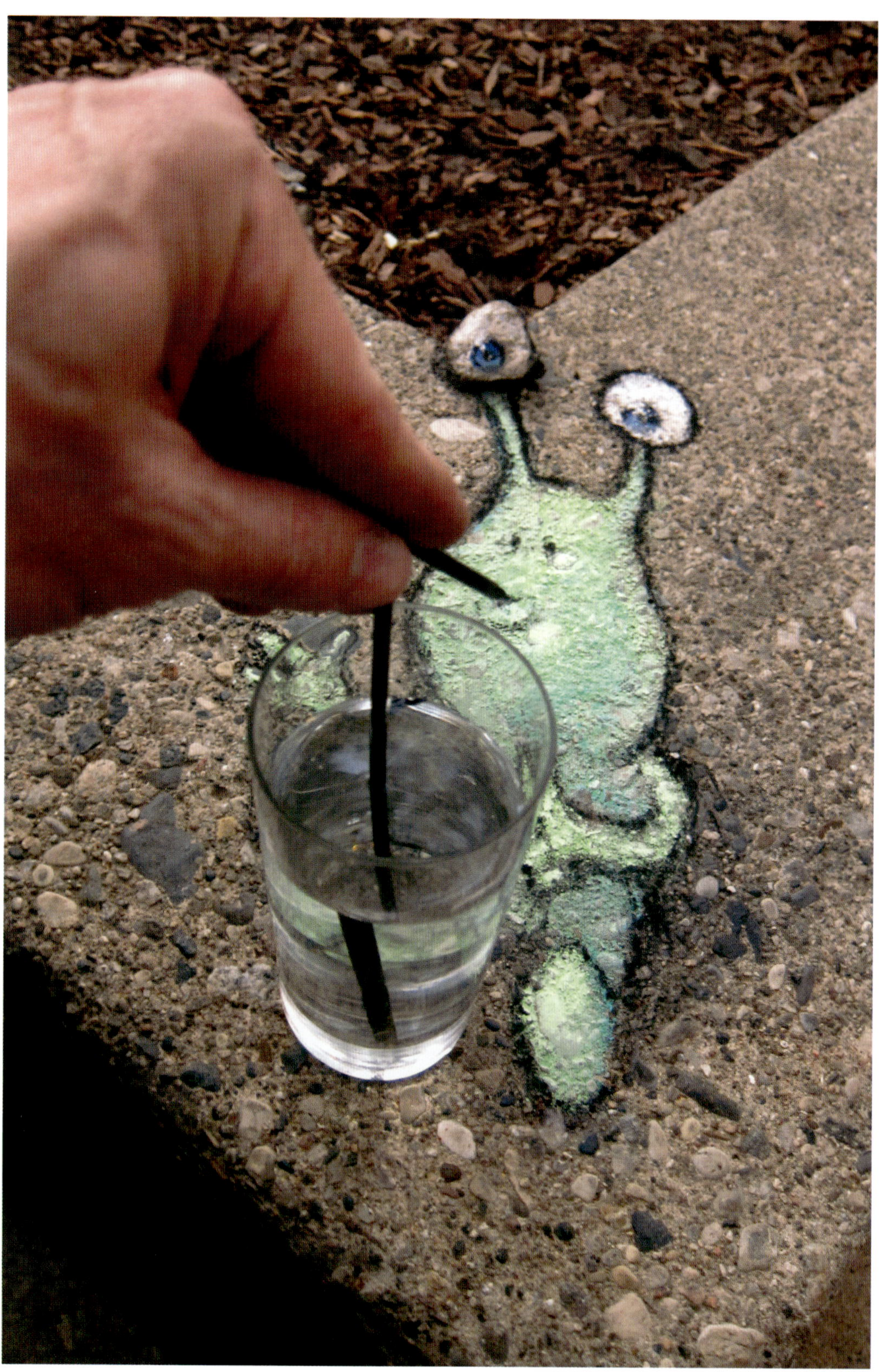

Mit Freunden einen heben

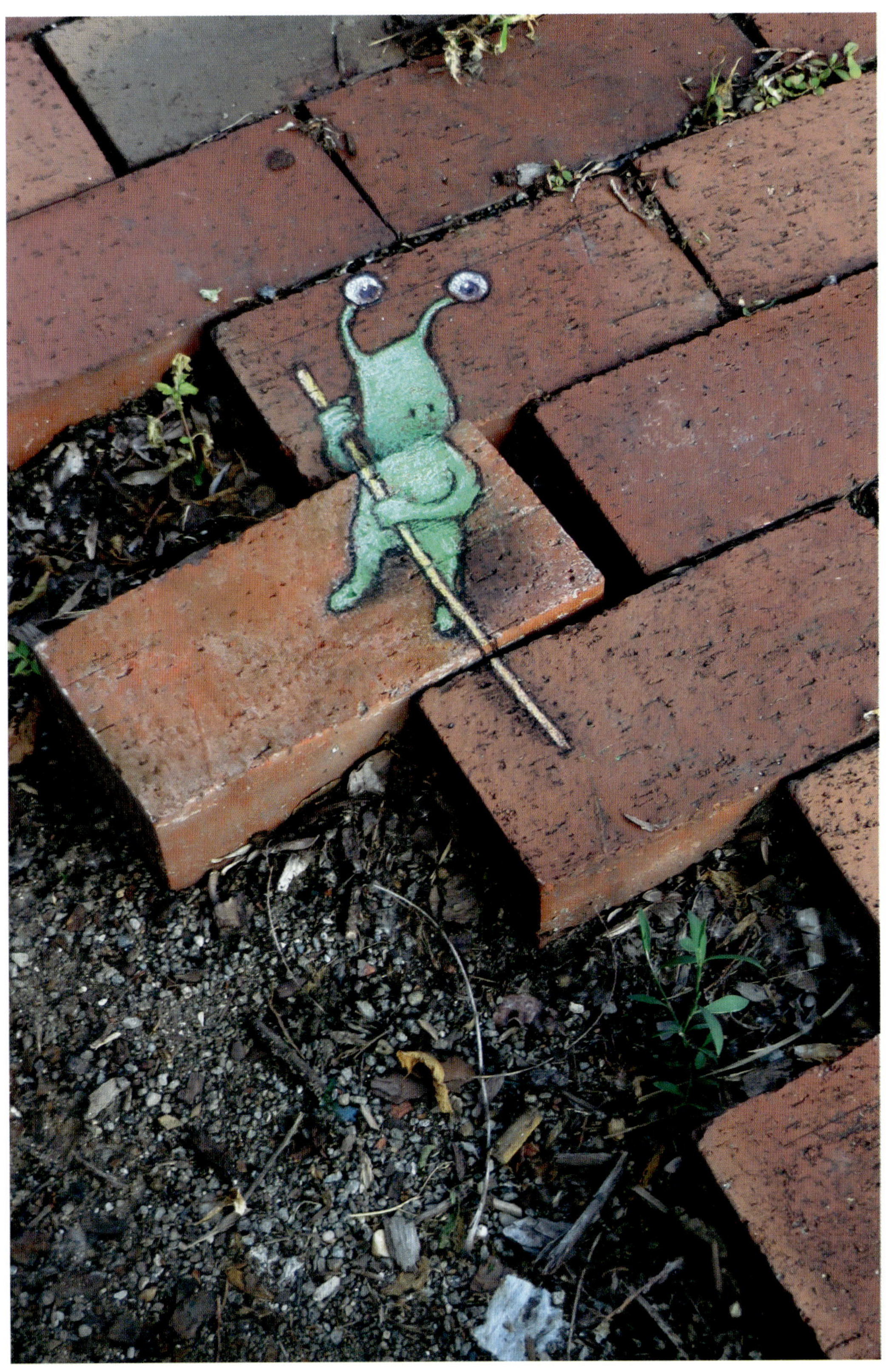

Der ruhige (und äußerst langwierige) Arbeitstag eines Ziegels-Gondolieres

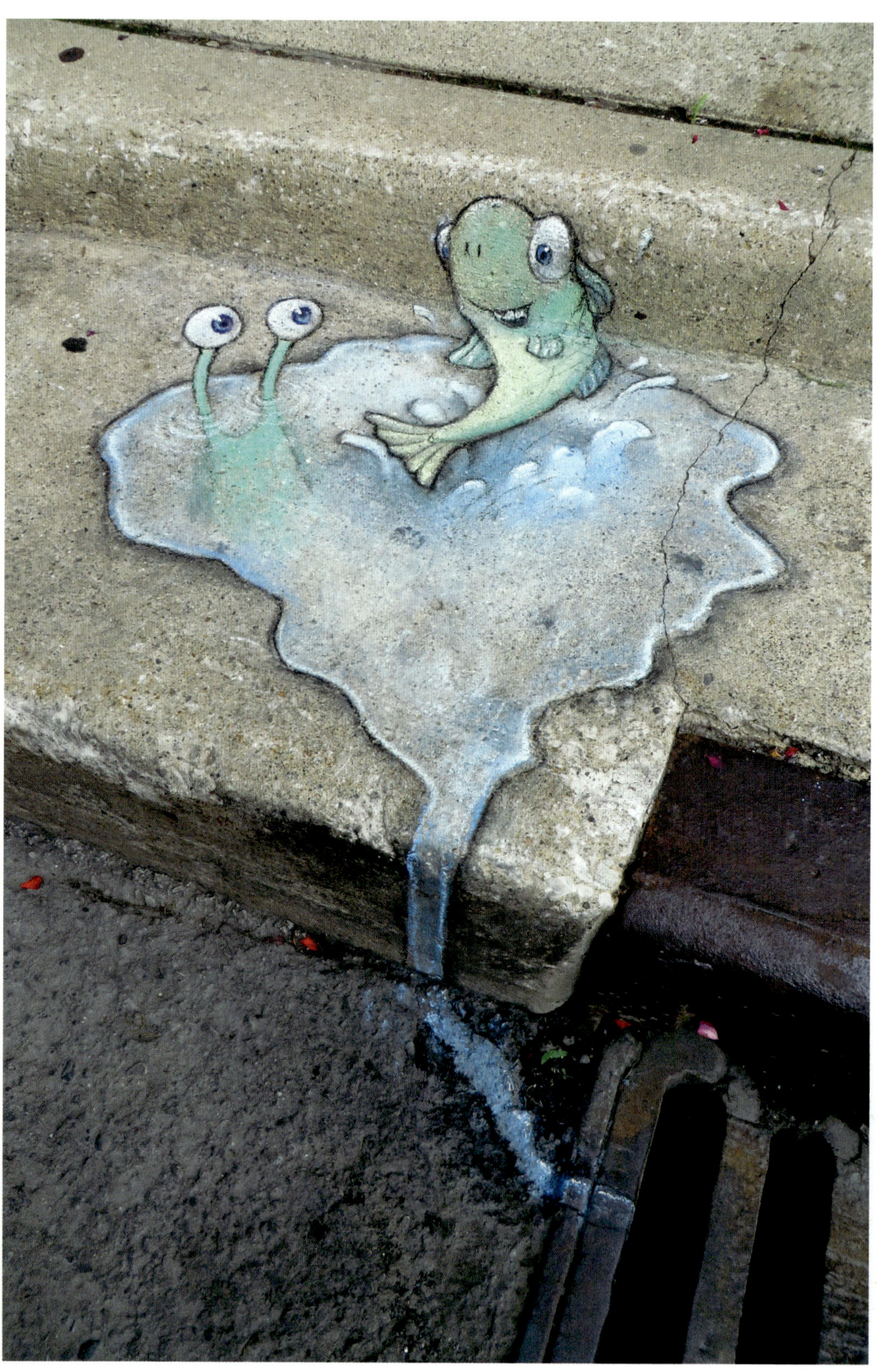

Je größer die Bewohner, desto tiefer die Pfütze

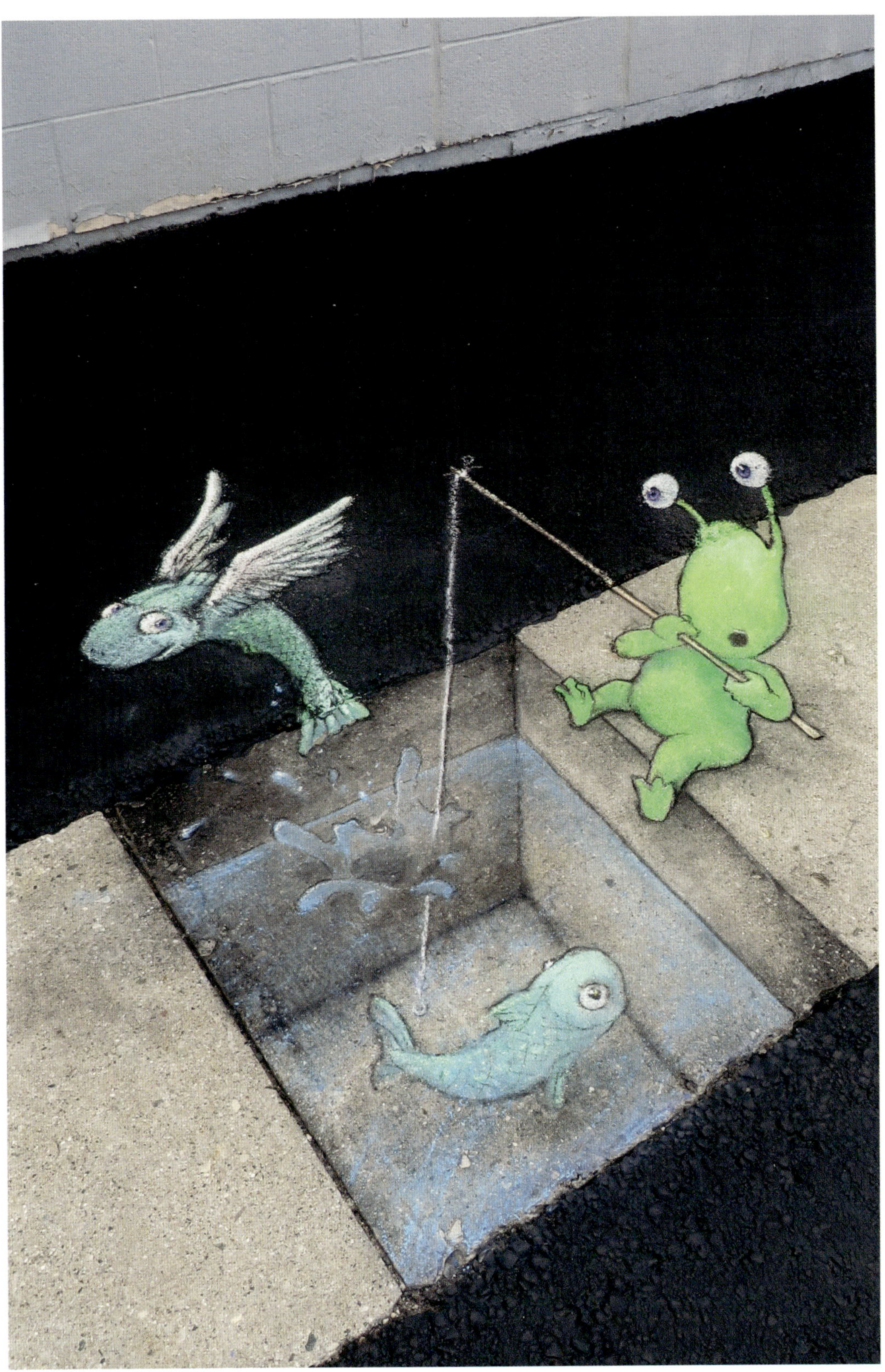

Um beim Angeln erfolgreich zu sein, sollte man seine Beute genauestens kennen

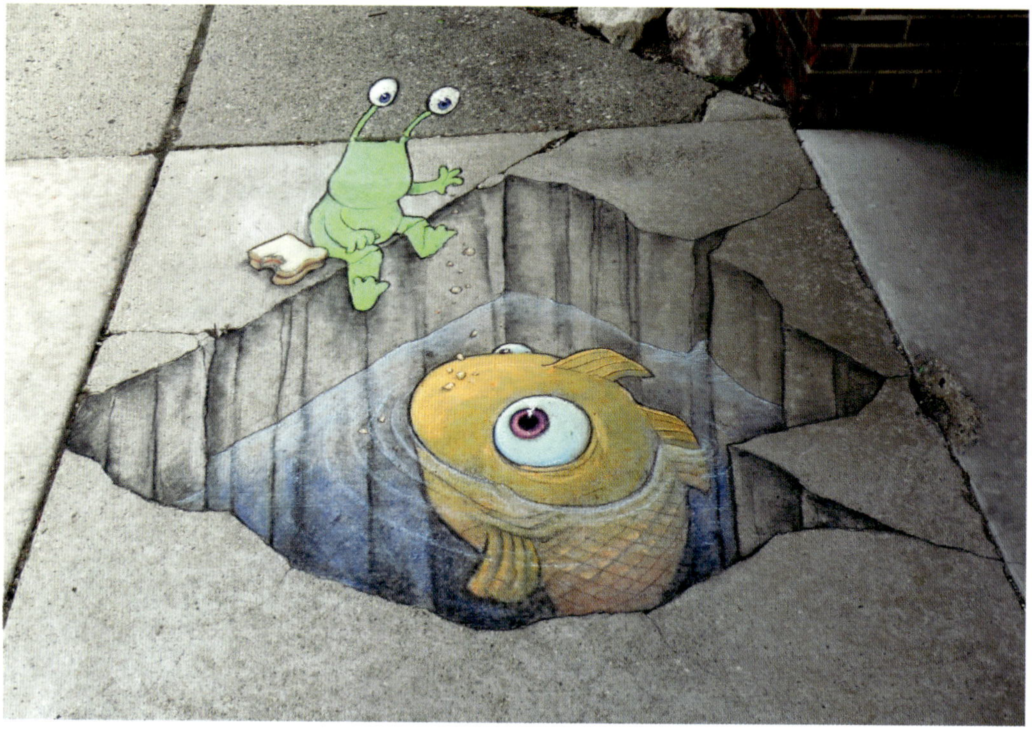

Großer Fisch, kleiner Teich, geteiltes Sandwich

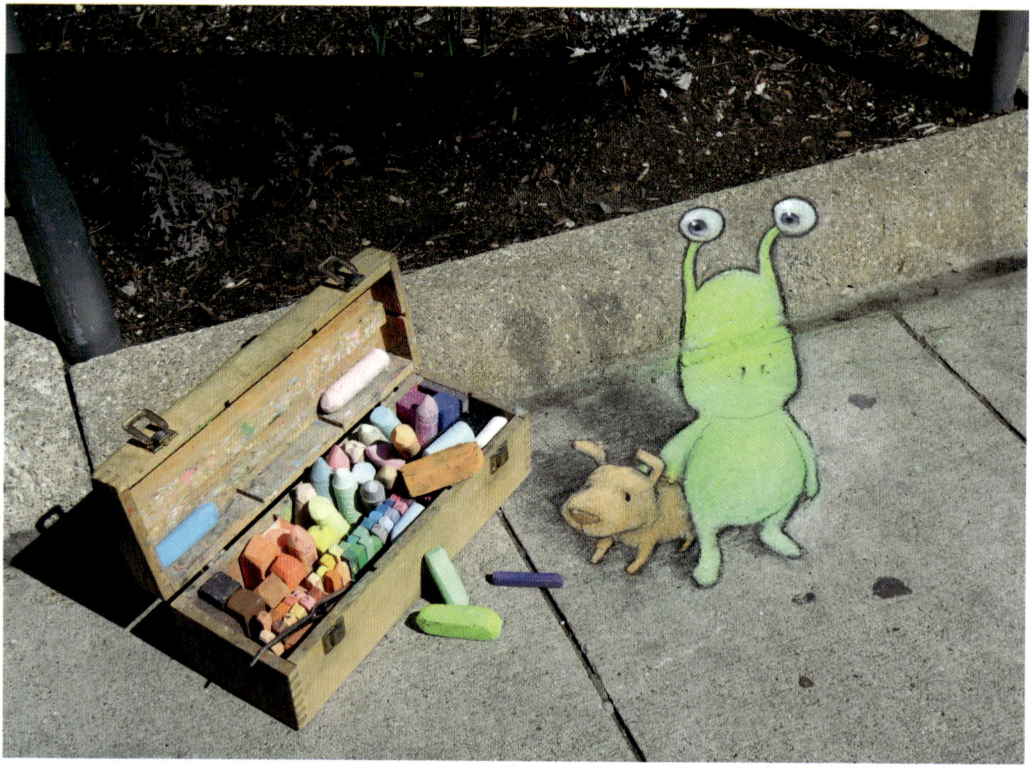

Nach einem langen Winter kann Sluggo endlich die Frühlingsfarben inspizieren … und natürlich auch die anderen in der Box

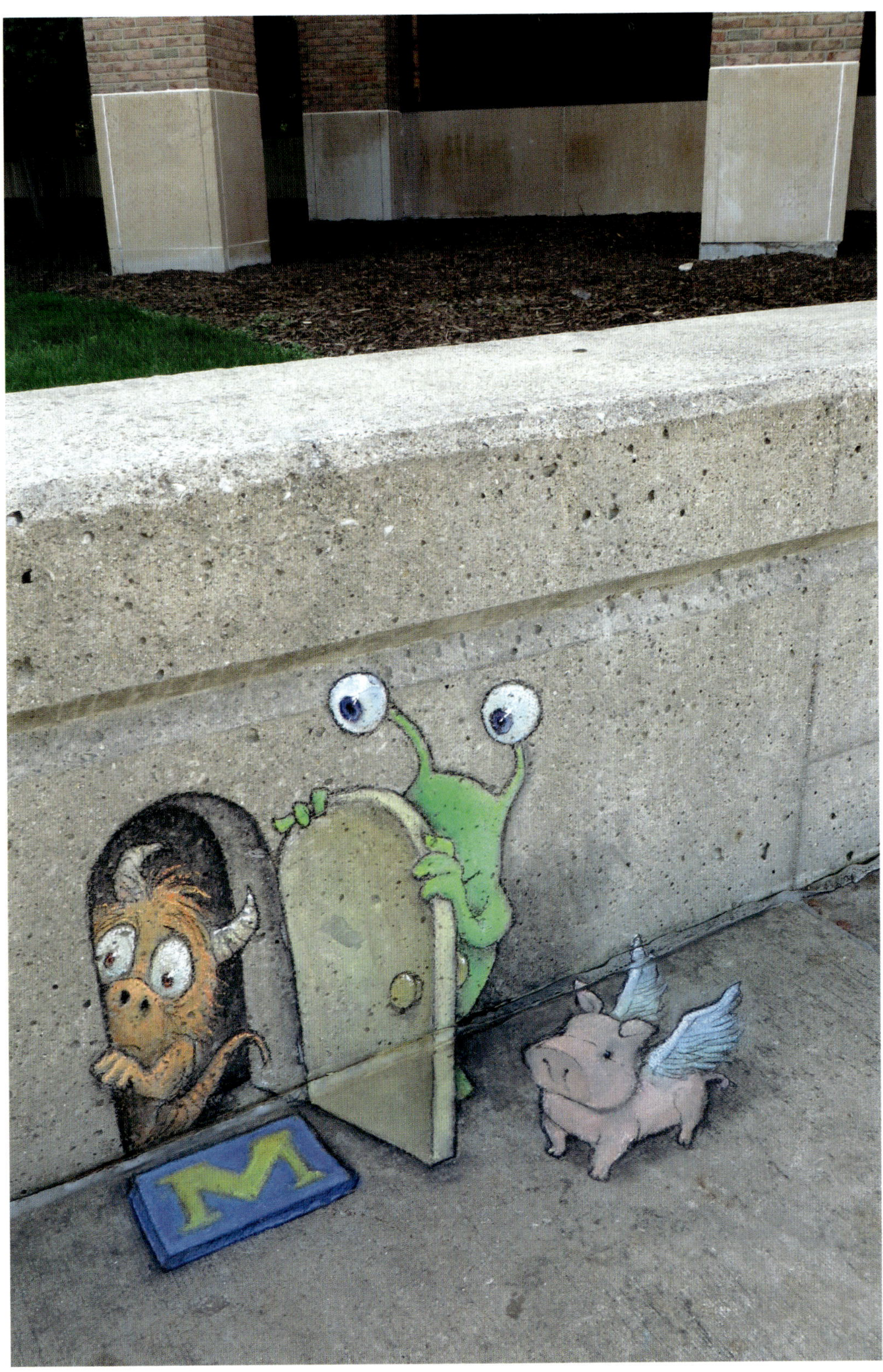

Sluggo heißt neue Studenten an der Universität von Michigan in ihren Unter-Künften willkommen

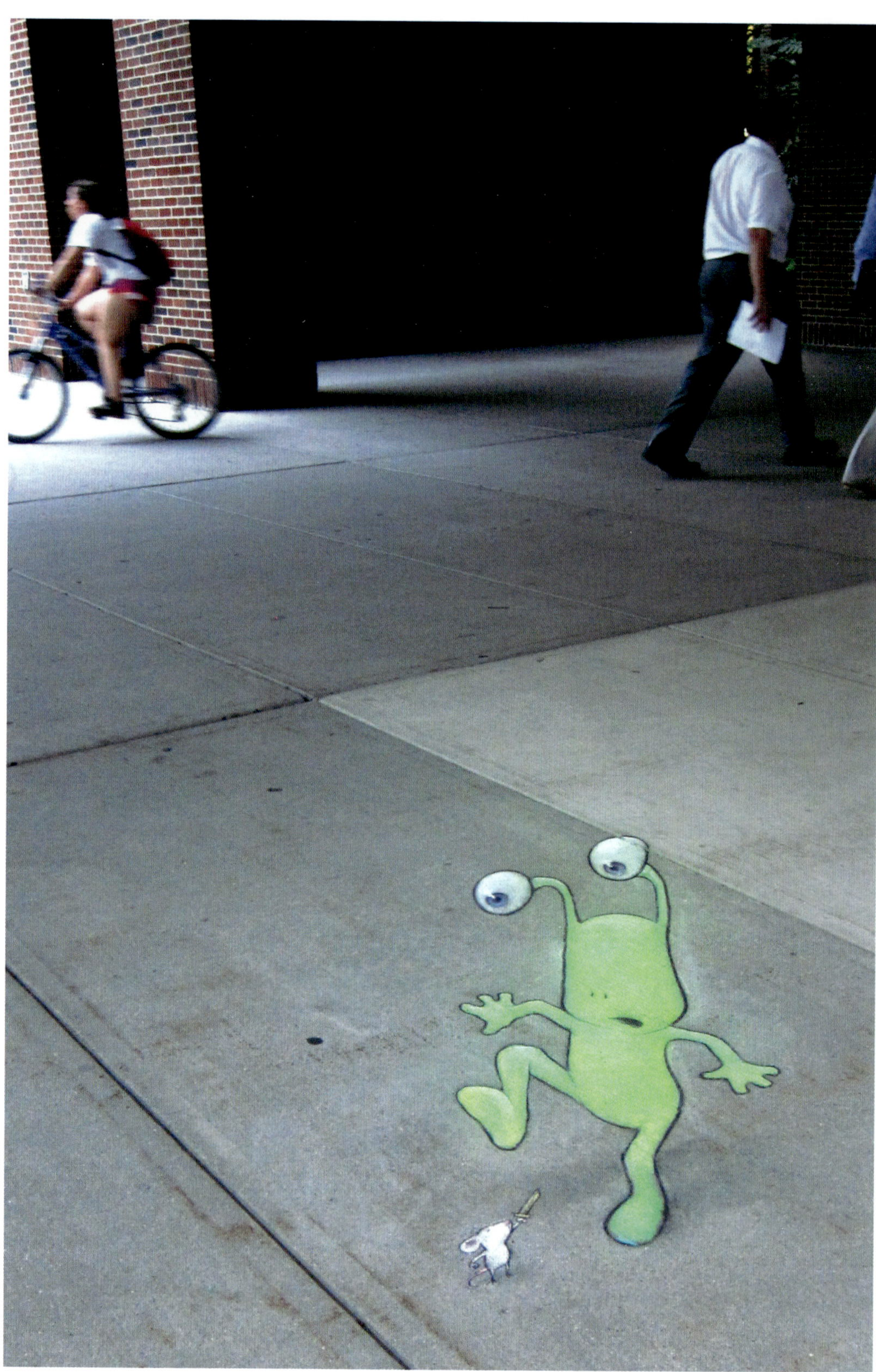

Zieh nie an Supermans Umhang, spucke nie gegen den Wind und benutze niemals den Ausdruck „dreckige Ratte“ in Gegenwart der wackeren Maus von Ferndale

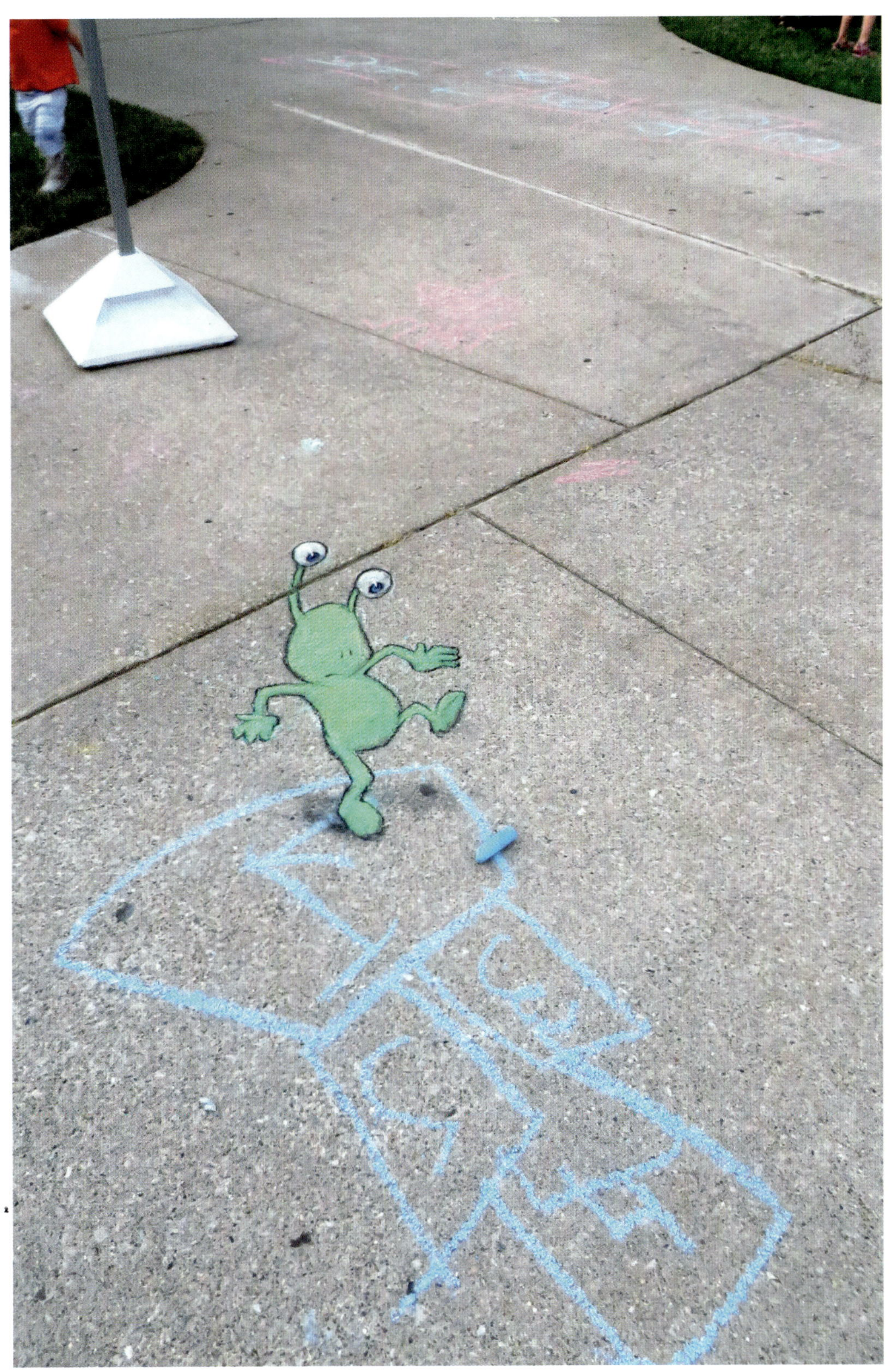

Ein gemeinsames Kunstprojekt mit einem Himmel-und-Hölle-Spieler

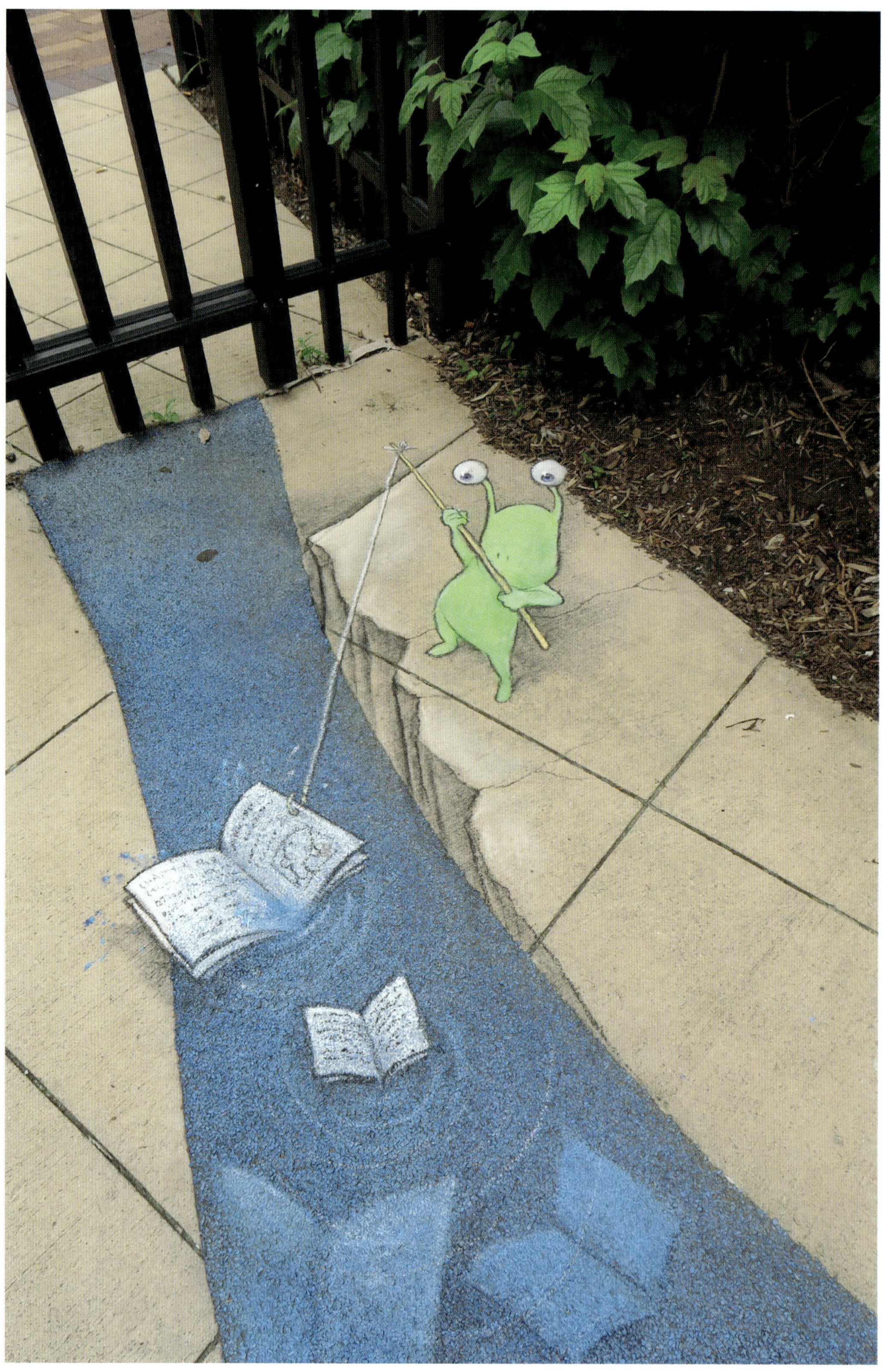

„Angel-Geschichten": Kreide und Kohlestift auf Beton, recycelten Gummimatten und einer Beilage aus Rindenmulch

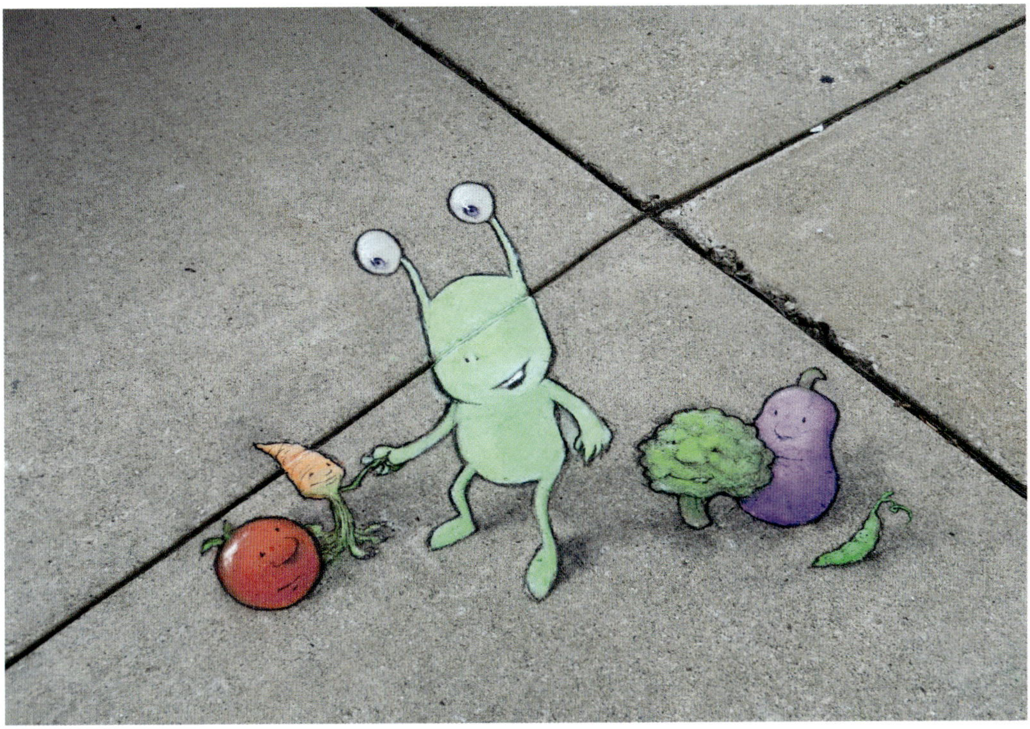

Aus Gesundheitsgründen sollte Sluggo sich mit mehr Gemüse anfreunden. Irgendwas hat er da wohl falsch verstanden.

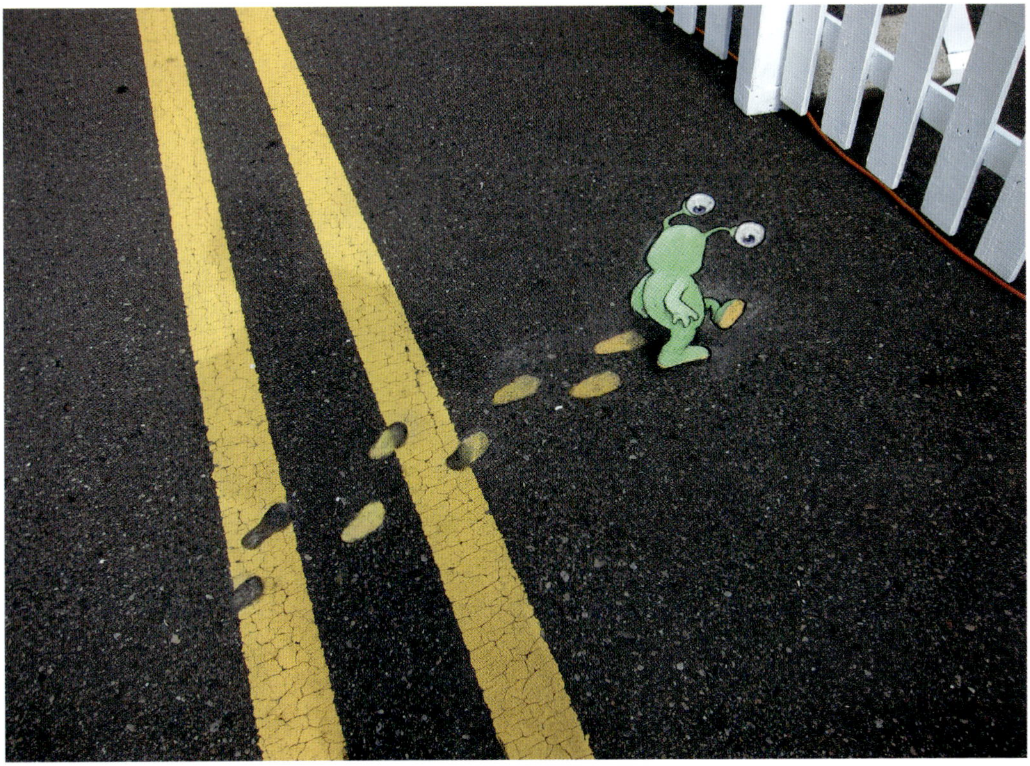

Manchmal, wenn Sluggo eine Grenze überschreiten will, folgt sie ihm einfach

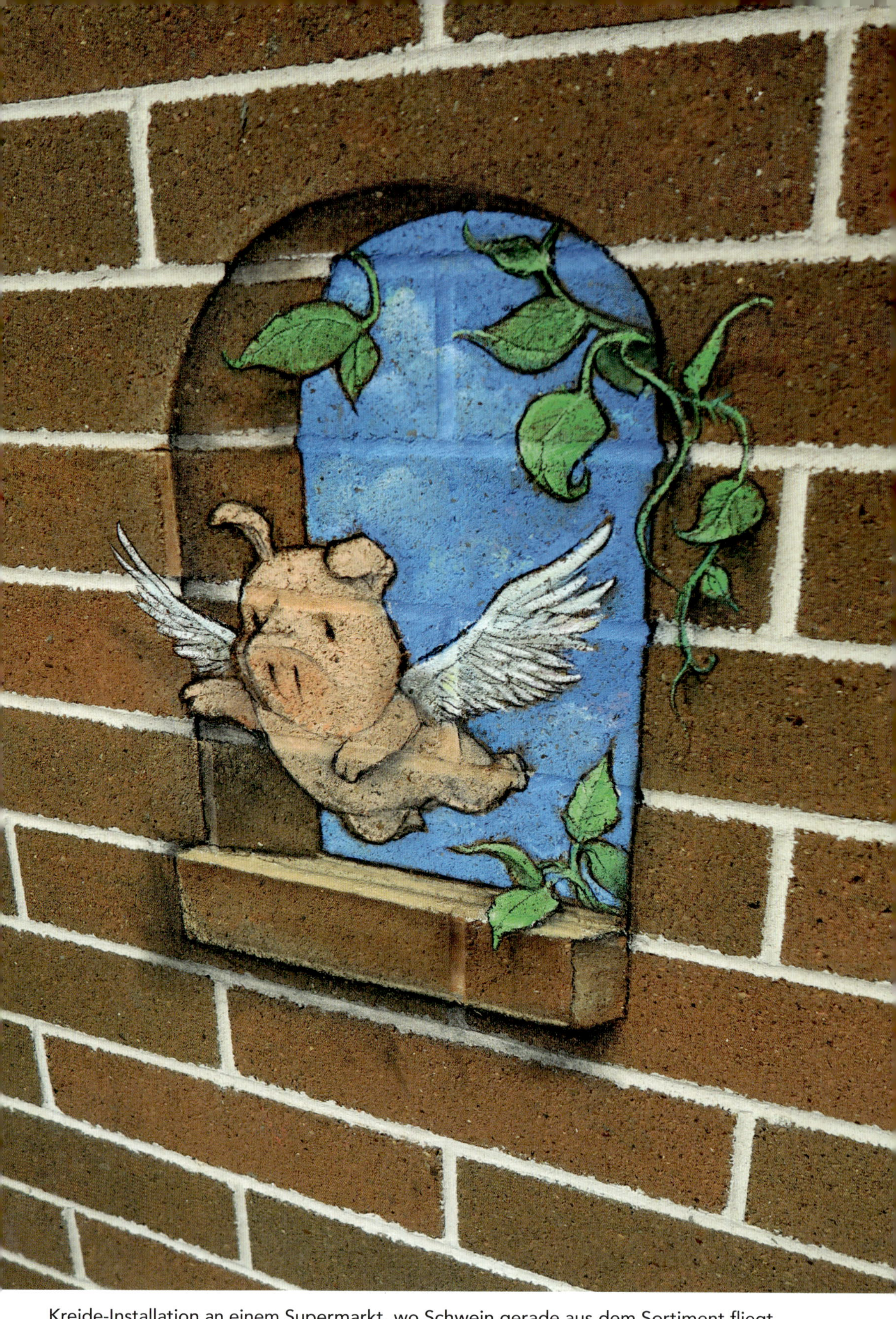

Kreide-Installation an einem Supermarkt, wo Schwein gerade aus dem Sortiment fliegt

DIE BEDEUTSAMKEIT DER SCHWEINE-LUFTFAHRT

Mein erstes fliegendes Schwein habe ich auf Wunsch eines kleinen Mädchens hin gezeichnet. Davor hatte ich einfach Flügel an alle möglichen Tiere gemalt und die wahre Bedeutsamkeit von Schweinen noch gar nicht richtig begriffen (ich bin überzeugt, das Mädchen auch nicht; sie wollte mich wahrscheinlich nur irgendetwas Pinkfarbenes zeichnen sehen).

Inzwischen habe ich bemerkt, dass fliegende Schweine eine bemerkenswert positive Wirkung auf Menschen haben. Ich denke, es liegt daran, dass der Ausdruck „Eher lernen Schwein fliegen …" schon an sich und unnötigerweise entmutigend ist. Niemand hat diese Worte jemals verwendet, um Optimismus auszudrücken oder jemanden zu unterstützen, obwohl die Bedeutung beides gleichermaßen zulassen würde (z. B. „Keine Sorge, ehe du durch den Test fällst, lernen Schweine fliegen!"). Daher ist der Anblick eines fliegenden Schweins eine Erinnerung daran, dass das angeblich Unmögliche vielleicht ja doch nur das äußerst Unwahrscheinliche ist. Und nach unwahrscheinlichen Dingen lohnt es sich, Ausschau zu halten.

Die Leute haben mich immer wieder gefragt, wie das Schwein denn nun eigentlich heißen würde. Also habe ich ihnen gesagt, es hieße „Philomena". Dafür gibt es folgende Gründe: Erstens, St. Philomena ist eine Schutzheilige unmöglicher Angelegenheiten. Zweitens, „Philomena" klingt auch nach einem taxonomischen Namen, was bedeutet, dass ich eine ganze Schar fliegender Schweine so bezeichnen kann, und drittens, weiß ich nicht, ob das Schwein ein Junge oder ein Mädel ist. Das können Sie selbst entscheiden und zum Beispiel „Phil" verwenden, wenn es Ihnen besser gefällt.

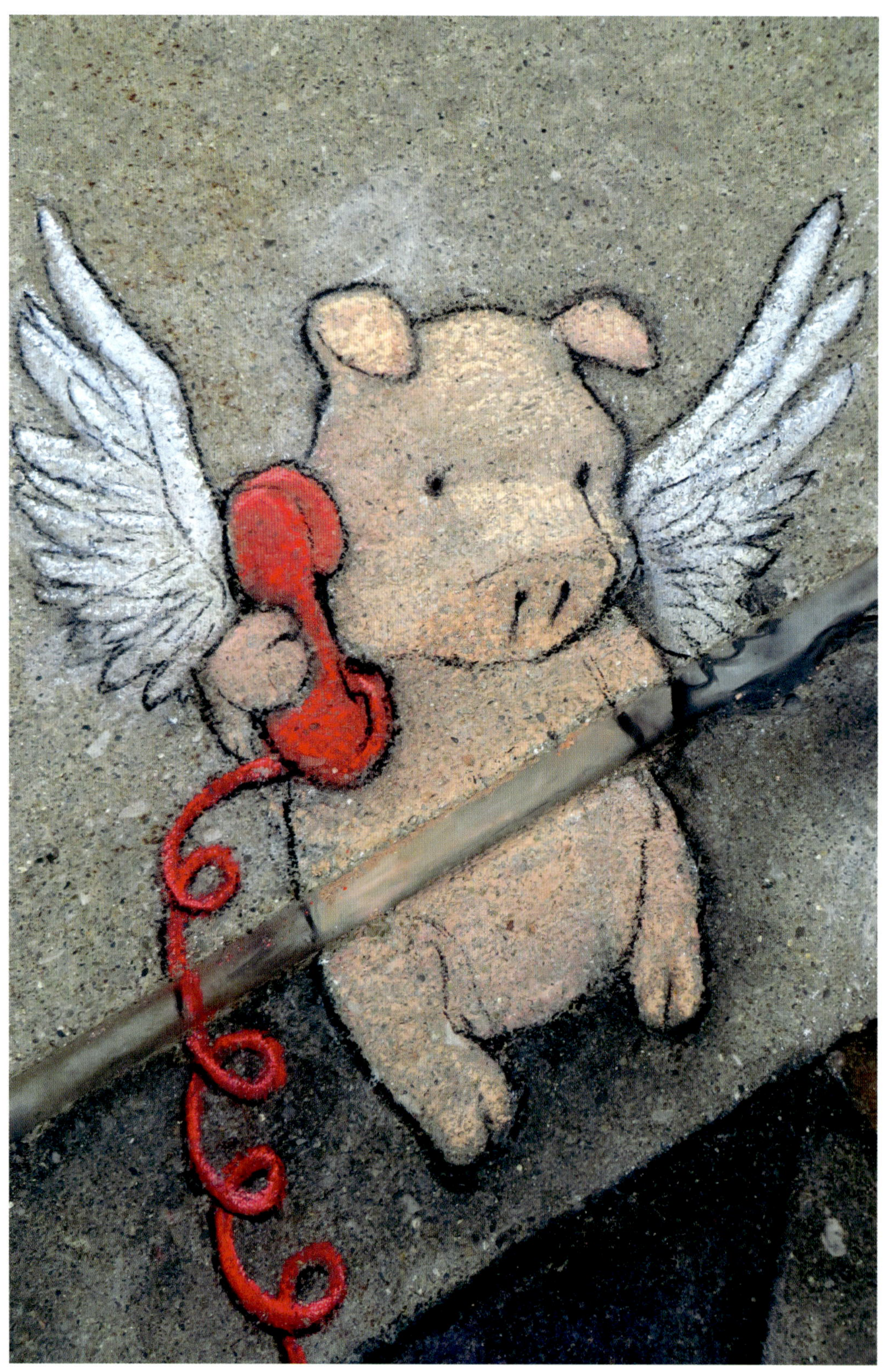

Detail aus „An der Strippe hängen" (Ann-Arbor-Sommerfestival 2014)

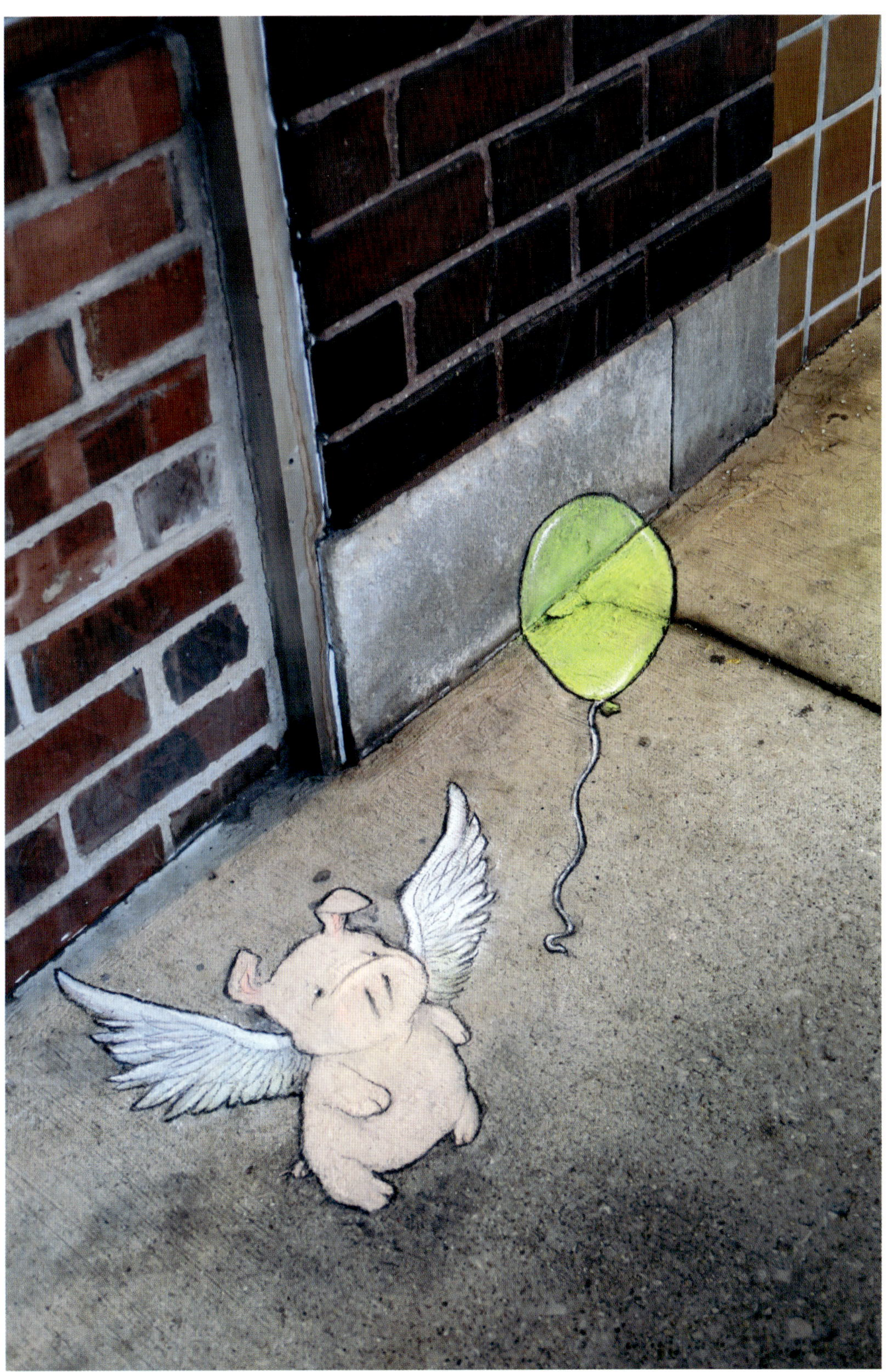

Wie ein frei schwebender Luftballon im November sind viele Dinge unwahrscheinlich, aber weit davon entfernt, unmöglich zu sein

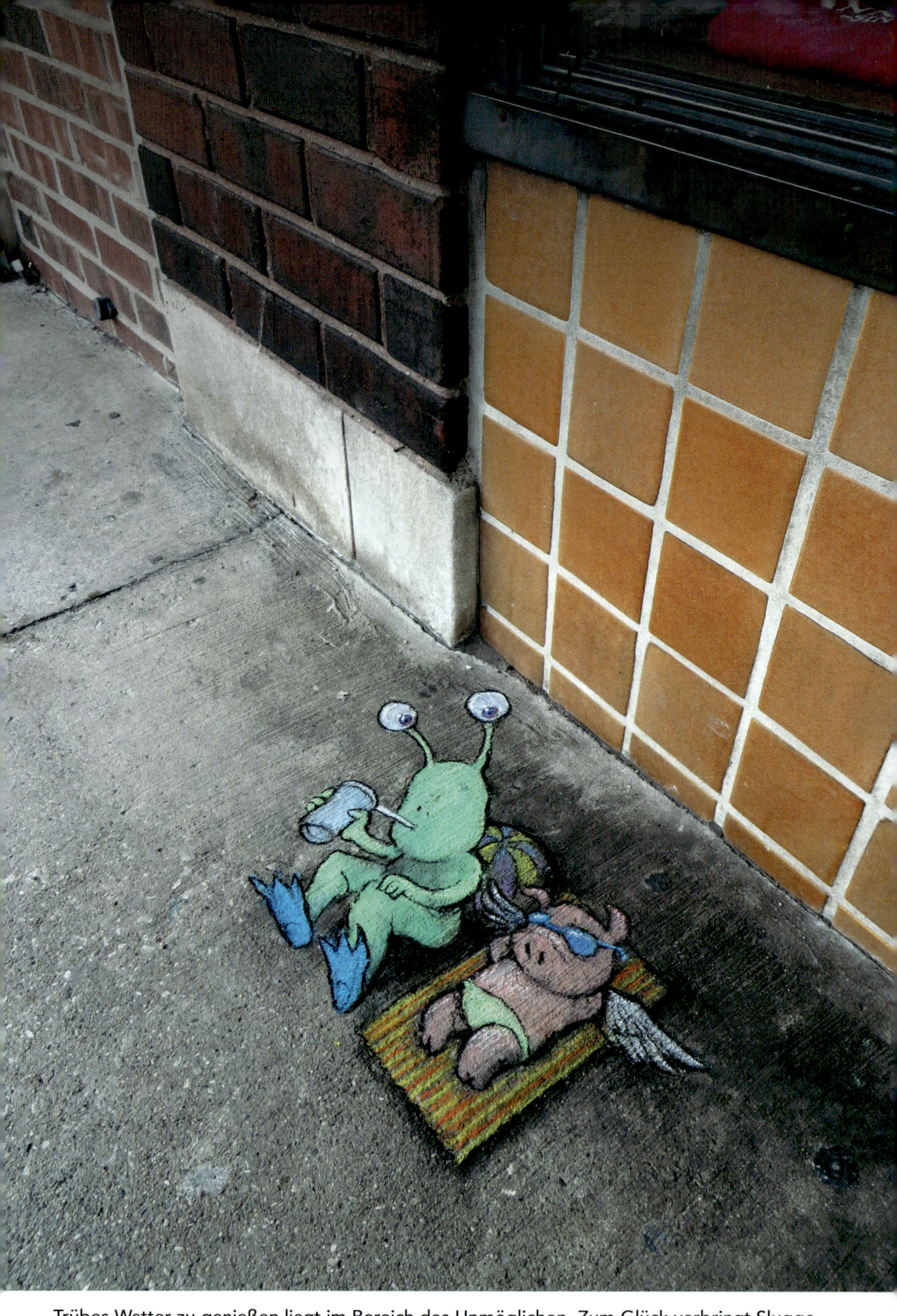

Trübes Wetter zu genießen liegt im Bereich des Unmöglichen. Zum Glück verbringt Sluggo hier einen Großteil seiner Zeit.

EINE UNWAHRSCHEINLICHE FREUNDSCHAFT

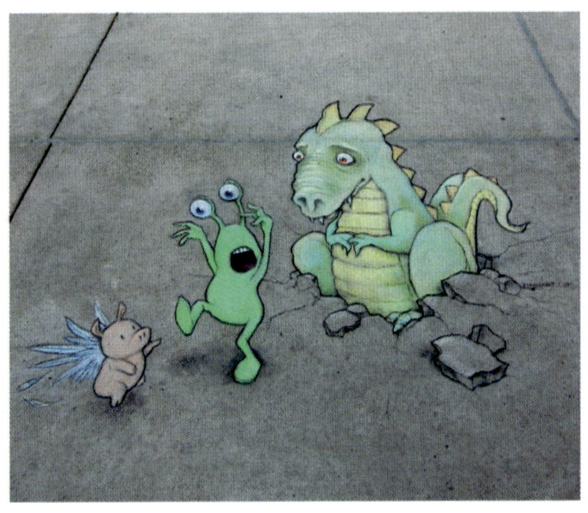

Einmal habe ich ein Bild gezeichnet, auf dem Sluggo versuchte, seinen geflügelten Schweinefreund zu erschrecken, indem er so tat, als wäre er ein wütender Drache. Der „Witz" daran sollte sein, das Schwein zu zeigen, wie es in Angst kauert, allerdings aufgrund eines echten Drachens, der über die Schulter eines unwissenden Sluggo ragt.
Ich zeichnete diesem Schwein zehn verschiedene Ausdrücke von Furcht, Angst, Schrecken, Aufregung und Panik ins Gesicht, aber keiner davon wirkte passend. Nach vielen Korrekturen musste ich mich schließlich stattdessen mit einem Schwein zufriedengeben, das mit versteinerter Miene gelassen auf die drohende Gefahr zeigte. Schlussendlich sah sogar der Drache im Vergleich recht unsicher aus.
Seitdem habe ich gelernt, dass es in manchen Freundschaften ein emotionales Yin und Yang gibt, ganz besonders in dieser. Sluggo geht jede Situation mit glotzäugigem Eifer an, während Philomena bzw. Phil mit der seelenruhigen Gelassenheit von jemandem, der genau weiß, was vor sich geht und geduldig darauf wartet, bis die Welt auch darauf kommt, zusieht. Das ist wohl der Nebeneffekt, wenn man ein Agent des Unmöglichen ist.

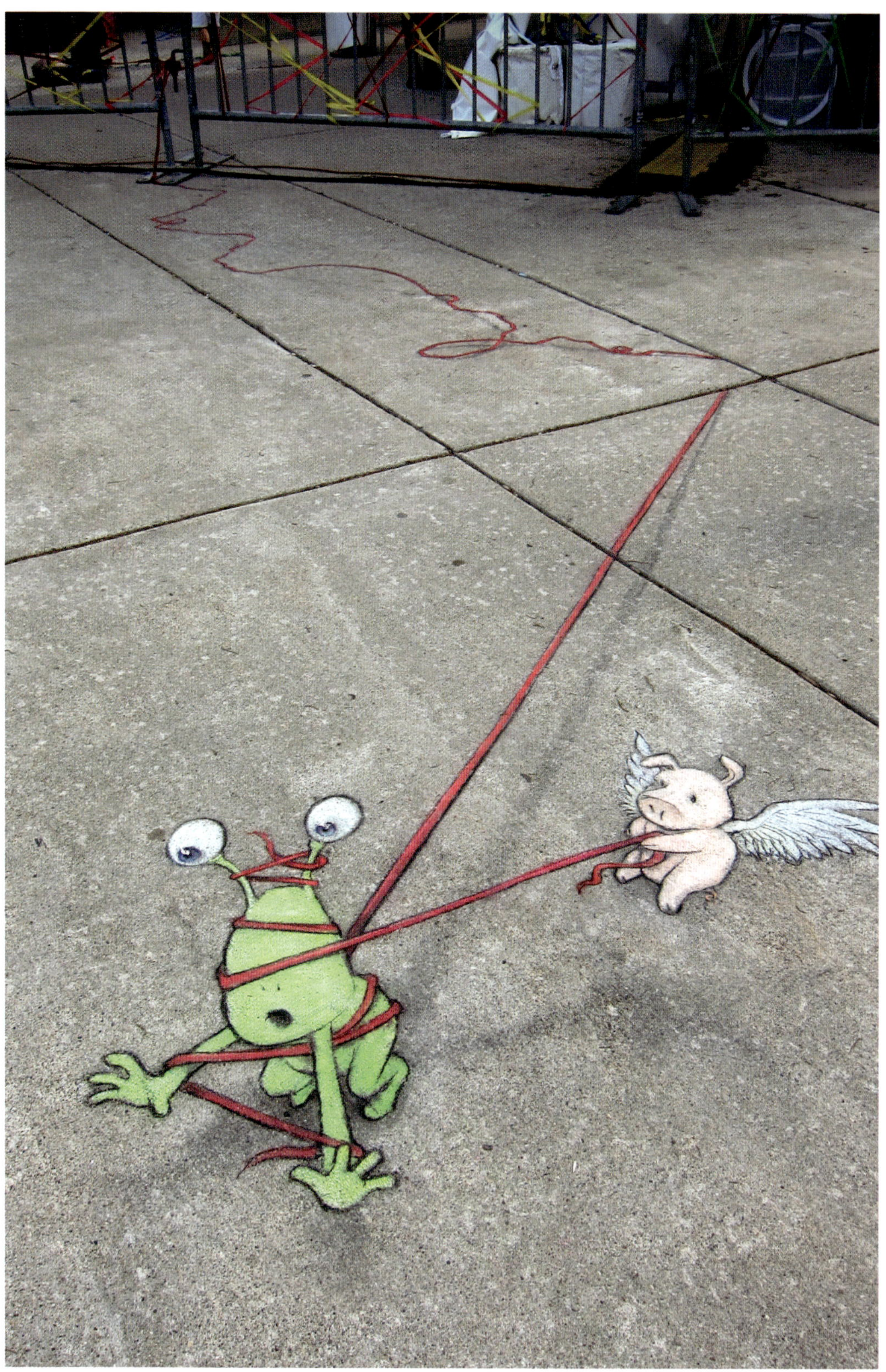

Ein schlechter erster Eindruck von der Zeremonie des Banddurchschneidens: zu viel Band, nicht genug Durchschneiden

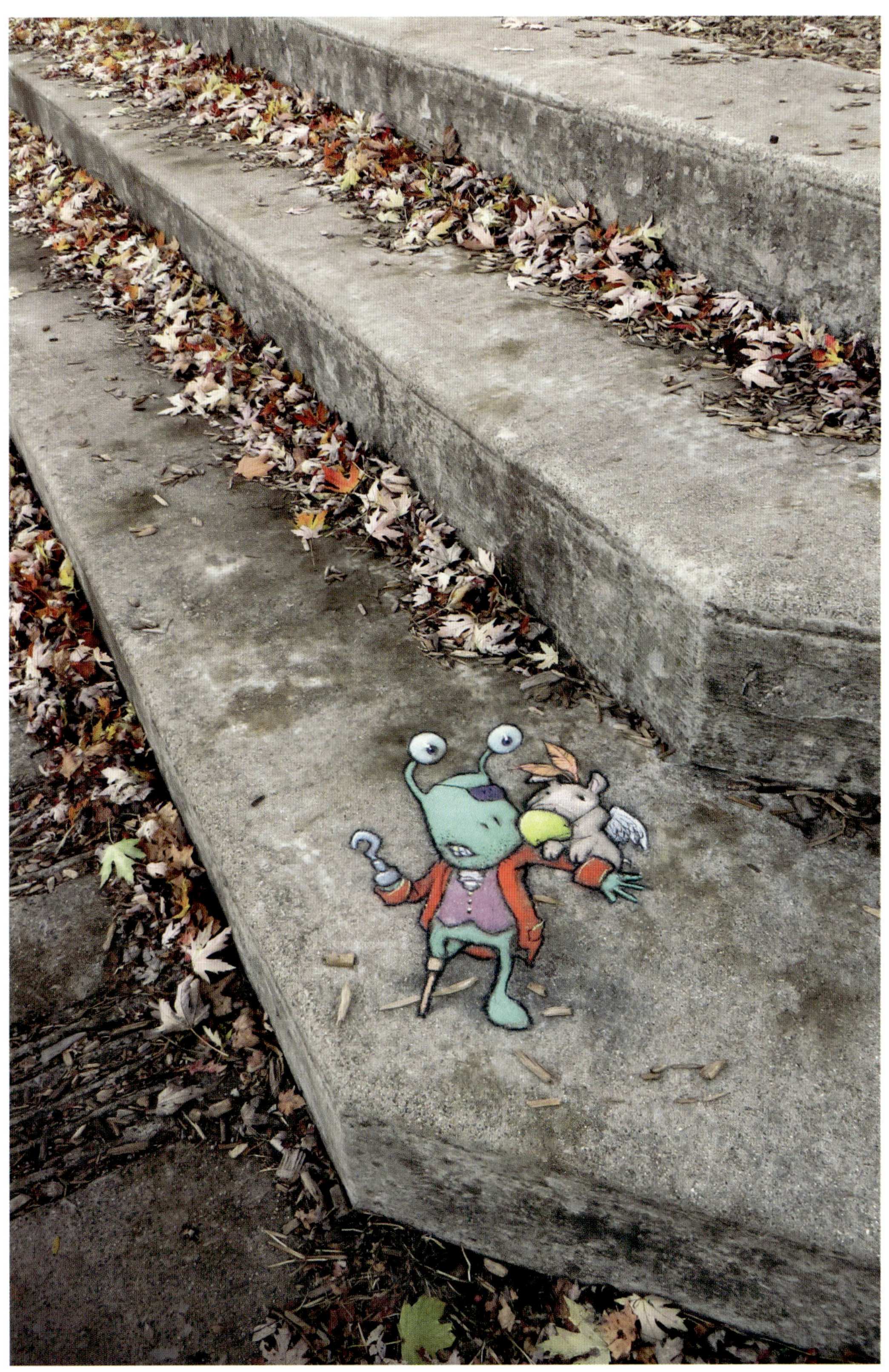

Ein abenteuerliches Stück Karrrrrgh!-eidekunst

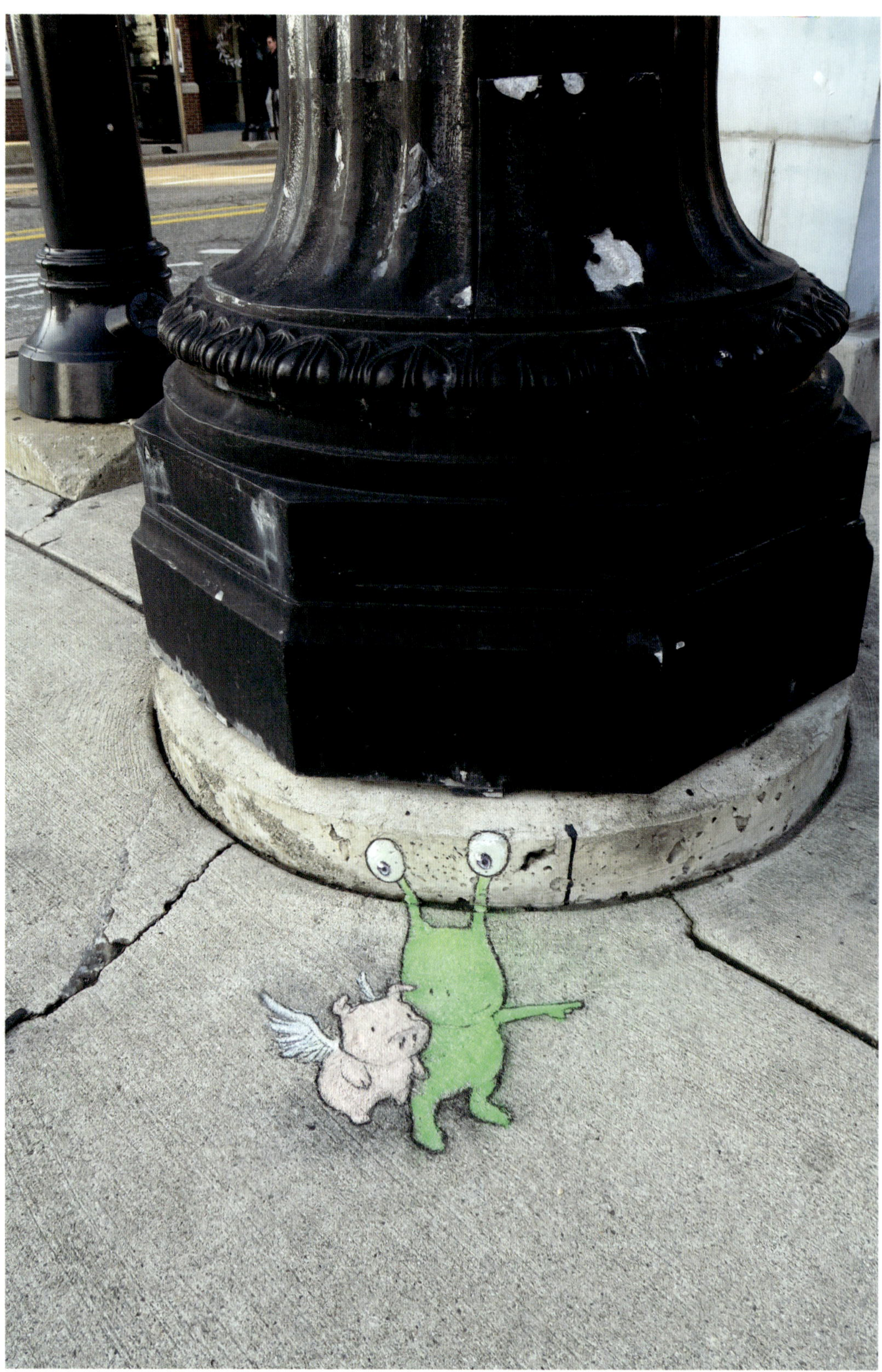

Linker Bühnenausgang: ein geflügeltes Schwein vor dem großen Auftritt

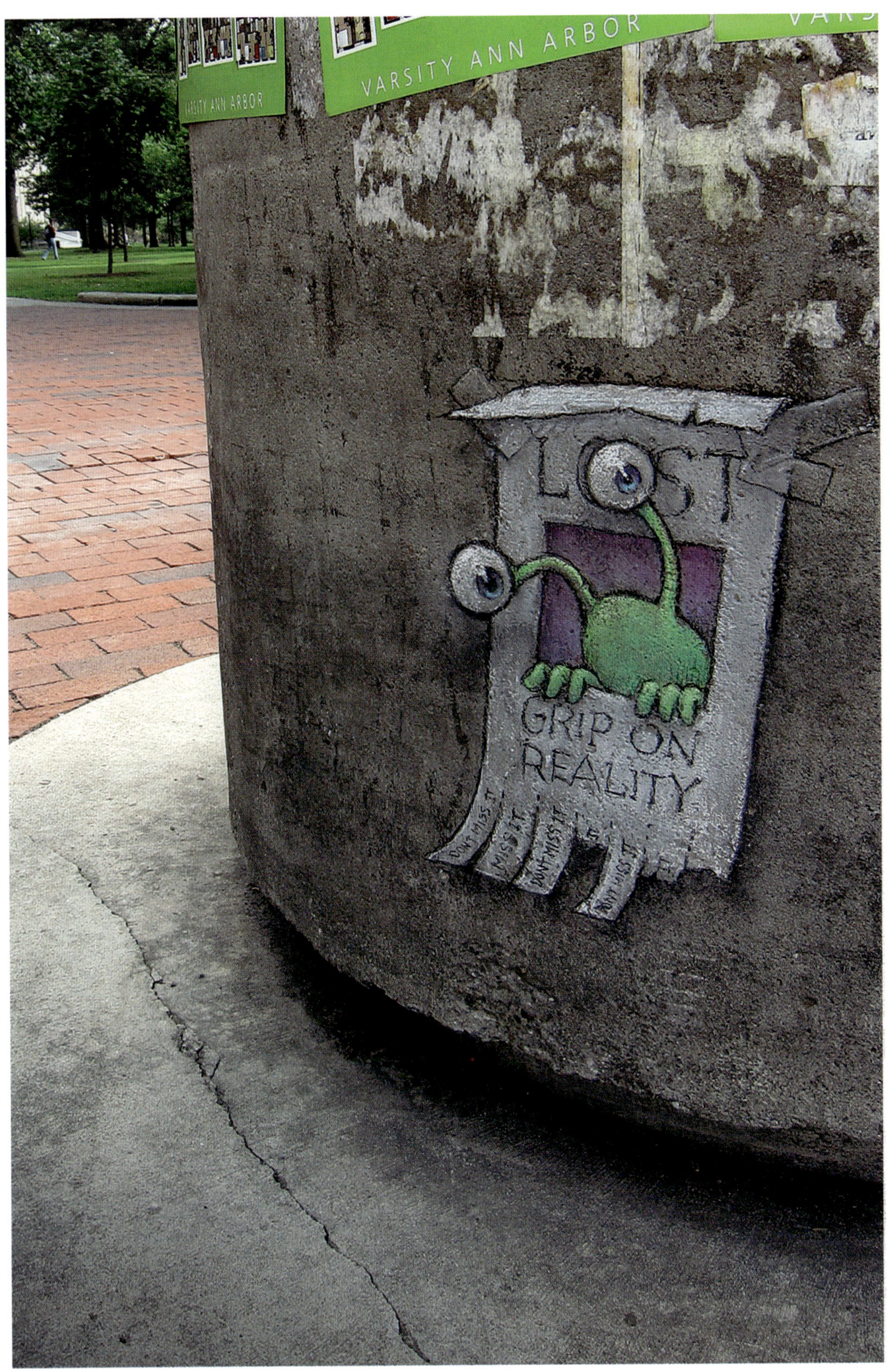

„Habe meinen Sinn für die Realität verloren" – Ich habe Sluggo bei den Werbesäulen auf dem Campus erwischt (ich bin mir nicht sicher, ob er ihn wiederfinden will oder nur damit angibt)

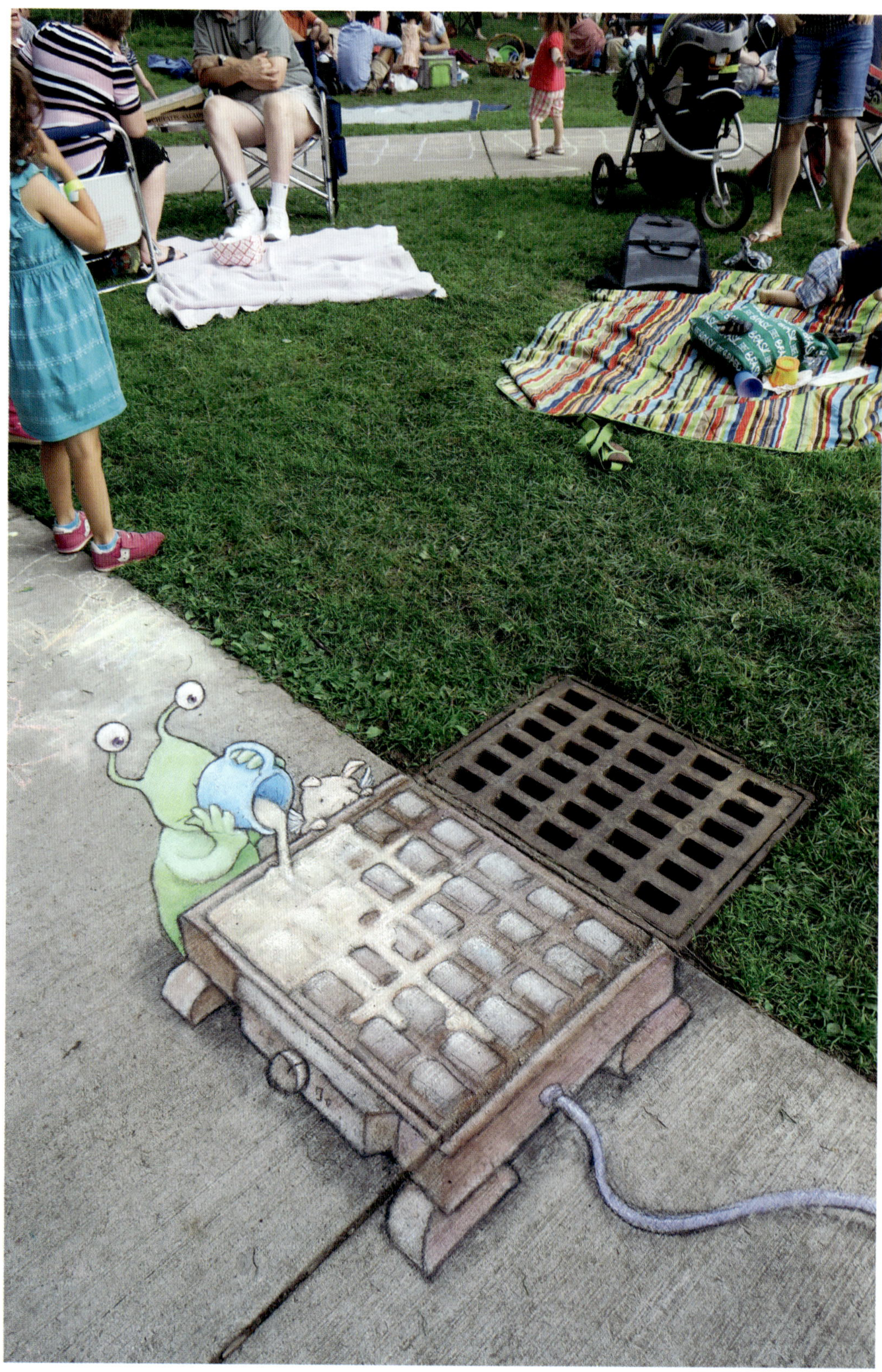

Sluggo demonstriert seine Waffelkünste, während ein hungriges Pigasus zuschaut

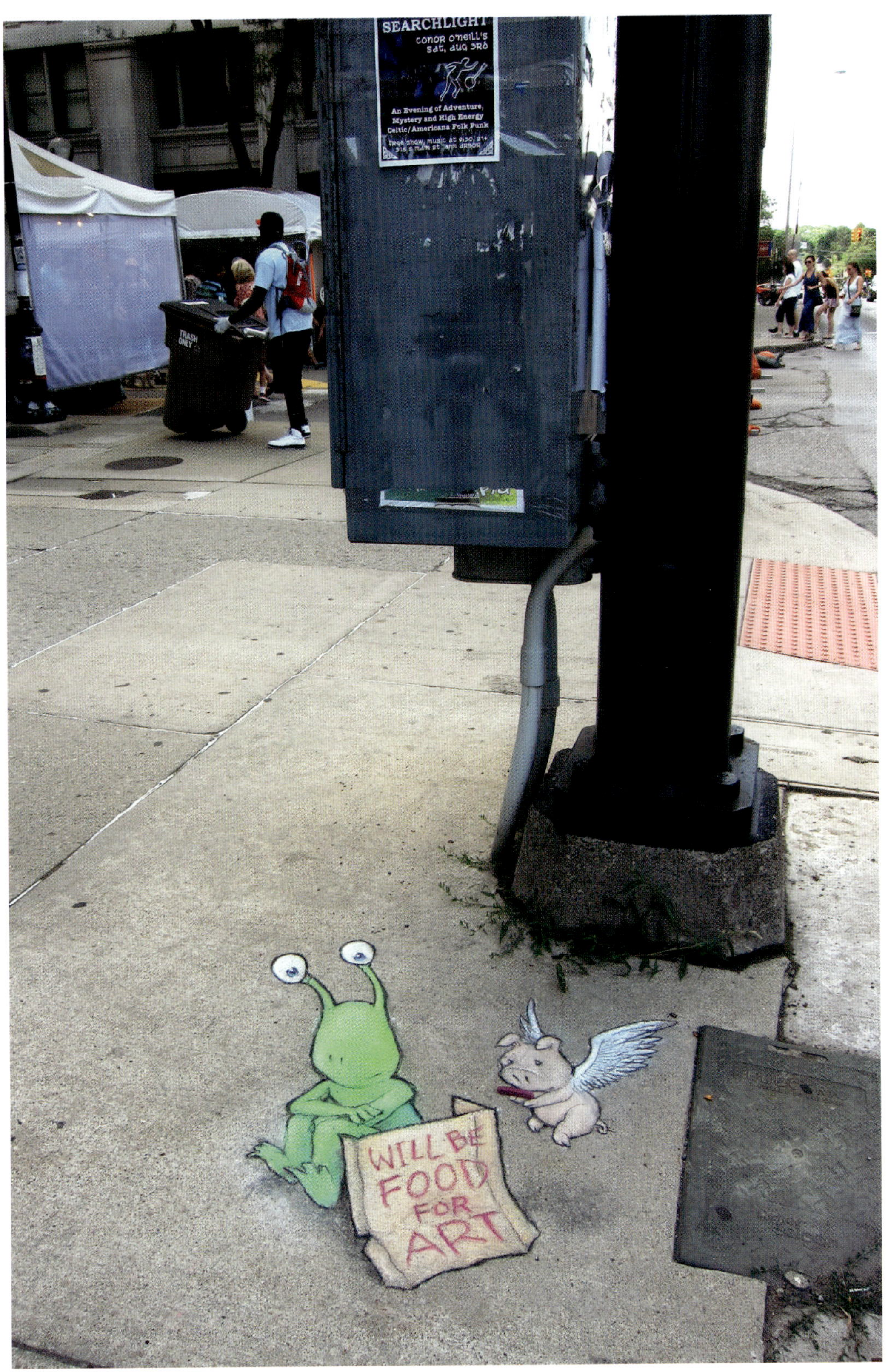

So wie wir alle

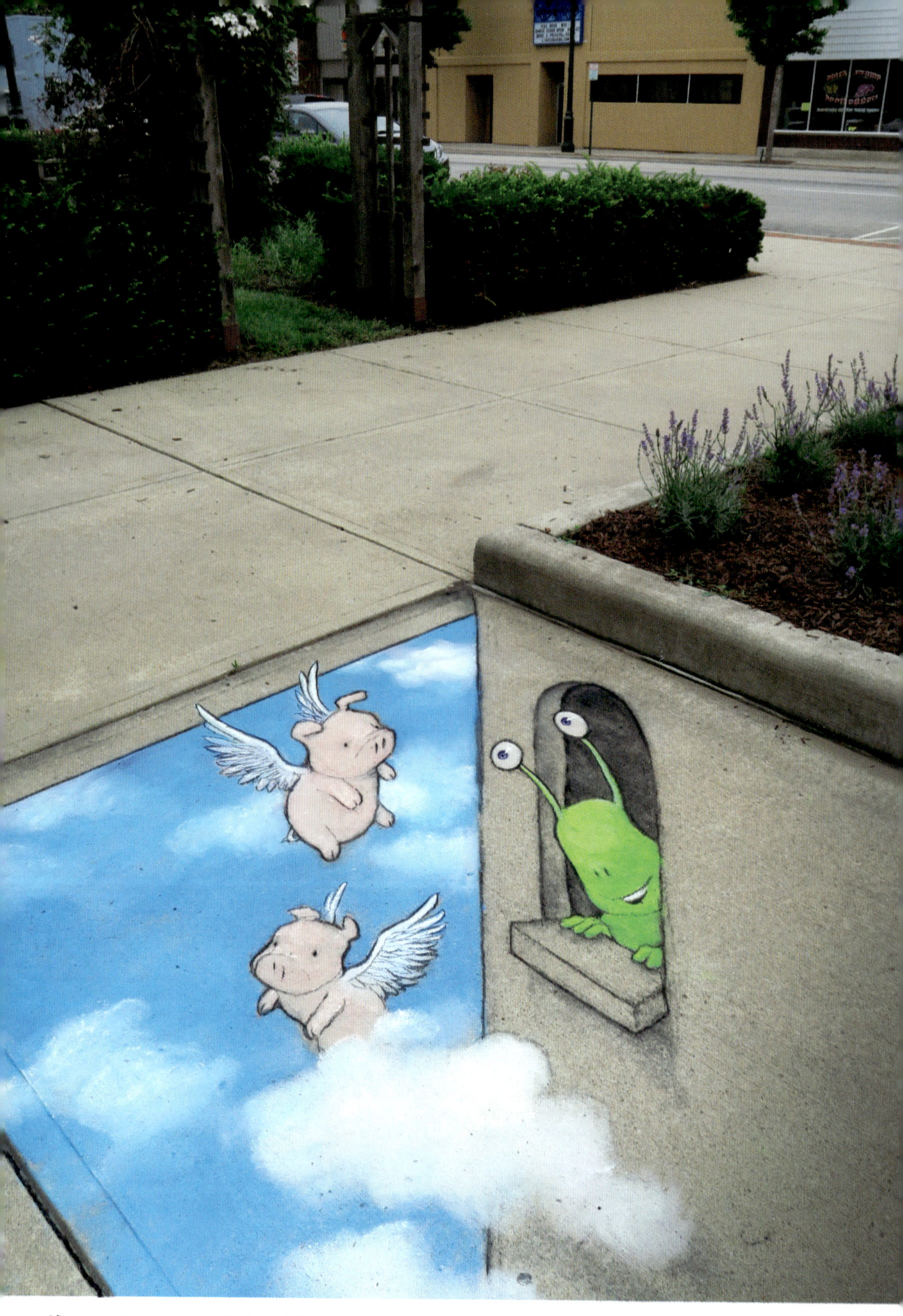

Sluggos Prognose: teils bewölkt mit Aussicht auf phantastische Freundschaft

DER HIMMEL UNTER DEINEN FÜSSEN

Löcher im Boden zu erschaffen ist einer der Lieblingstricks von anamorphotisch arbeitenden (3-D)-Straßenkünstlern. Wenn Sie schon einmal eine dreidimensionale Kreidezeichnung während des Surfens im Internet entdeckt haben, dann ist es sehr wahrscheinlich, dass entweder eine Schlucht, ein Abgrund, ein Canyon oder ein Swimmingpool damit zu tun hatte. Mathematisch betrachtet, sind solche Öffnungen vergleichsweise einfach zu zeichnen – besonders, wenn im Weg bereits Risse vorhanden sind, derer man sich „leihweise" bedienen. Sie eignen sich außerdem vorzüglich für die allseits beliebte „Ah! Ich falle!"-Foto-Installation.

Der Künstler in mir verwehrt sich gegen solch leichte Beute, aber das Kind im Manne (dem es schon eher ähnlichsieht, mit Kreide zu hantieren), kann sich eine solche Gelegenheit einfach nicht entgehen lassen, dazu macht es einfach zu viel Spaß. Ich habe Stunden voller kreativer Möglichkeiten mit Fischtümpeln, perplexen Maulwürfen, schwimmenden Drachen und gefundenen Schätzen verplempert. Von allen illusionären Optionen macht mich allerdings das Ausfüllen dieser Löcher mit blauem Himmel am glücklichsten. Zum einen ist es einfach das Unglaublichste und Schwindelerregendste, was man sich jenseits auf der anderen Seite des Gehwegs vorstellen kann, zum anderen ist es auch einfach die Wahrheit. Zugegeben frisiere ich die Distanz an dieser Stelle um ein paar Tausend Kilometer, aber wovon glauben Sie, wenn Sie mal darüber nachdenken, gibt es in diesem Moment mehr unter Ihren Füßen: Festem Boden oder offener Leere?

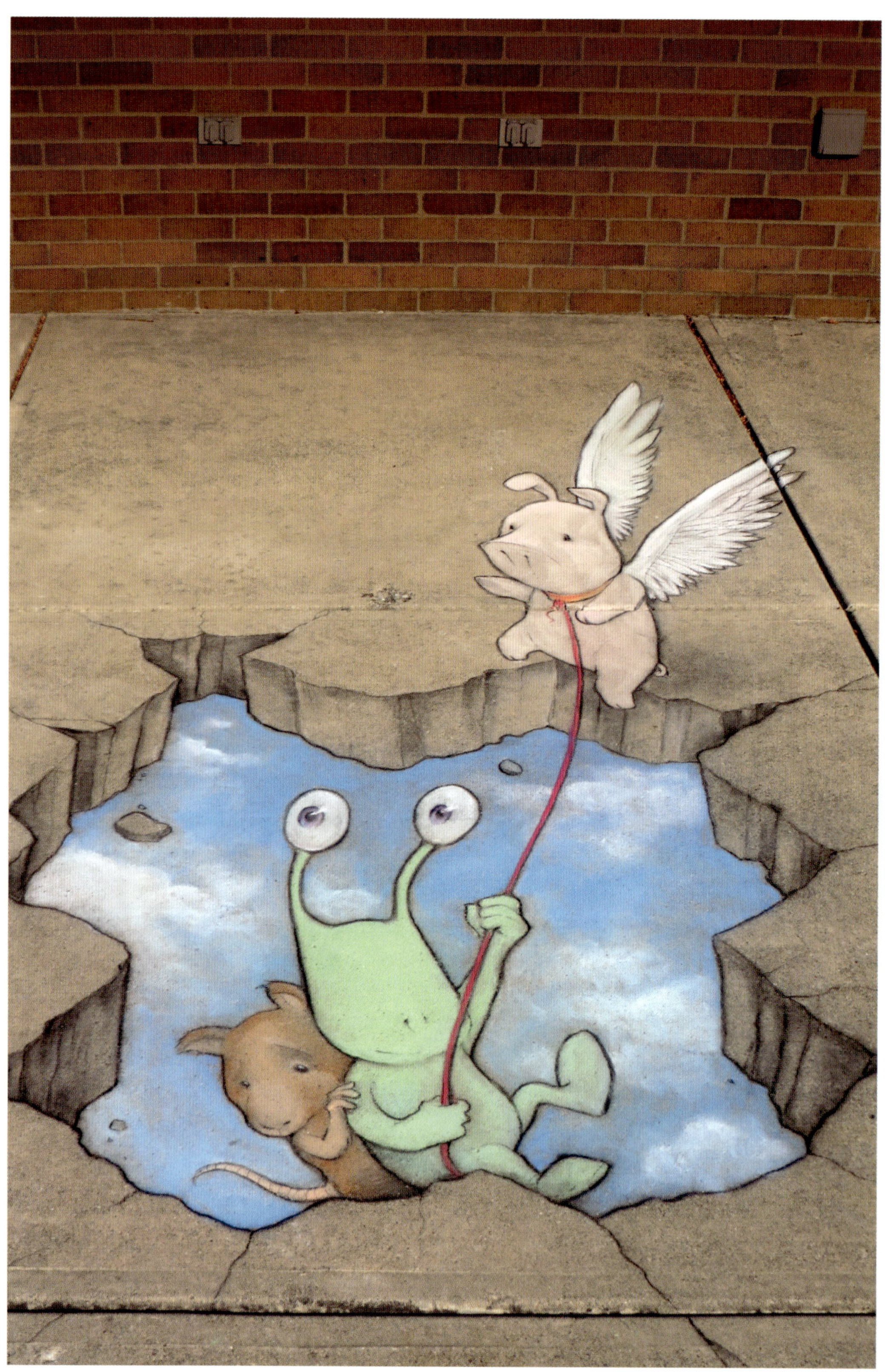

Himmelsloch Nr. 157 oder Reisen per Anhalter

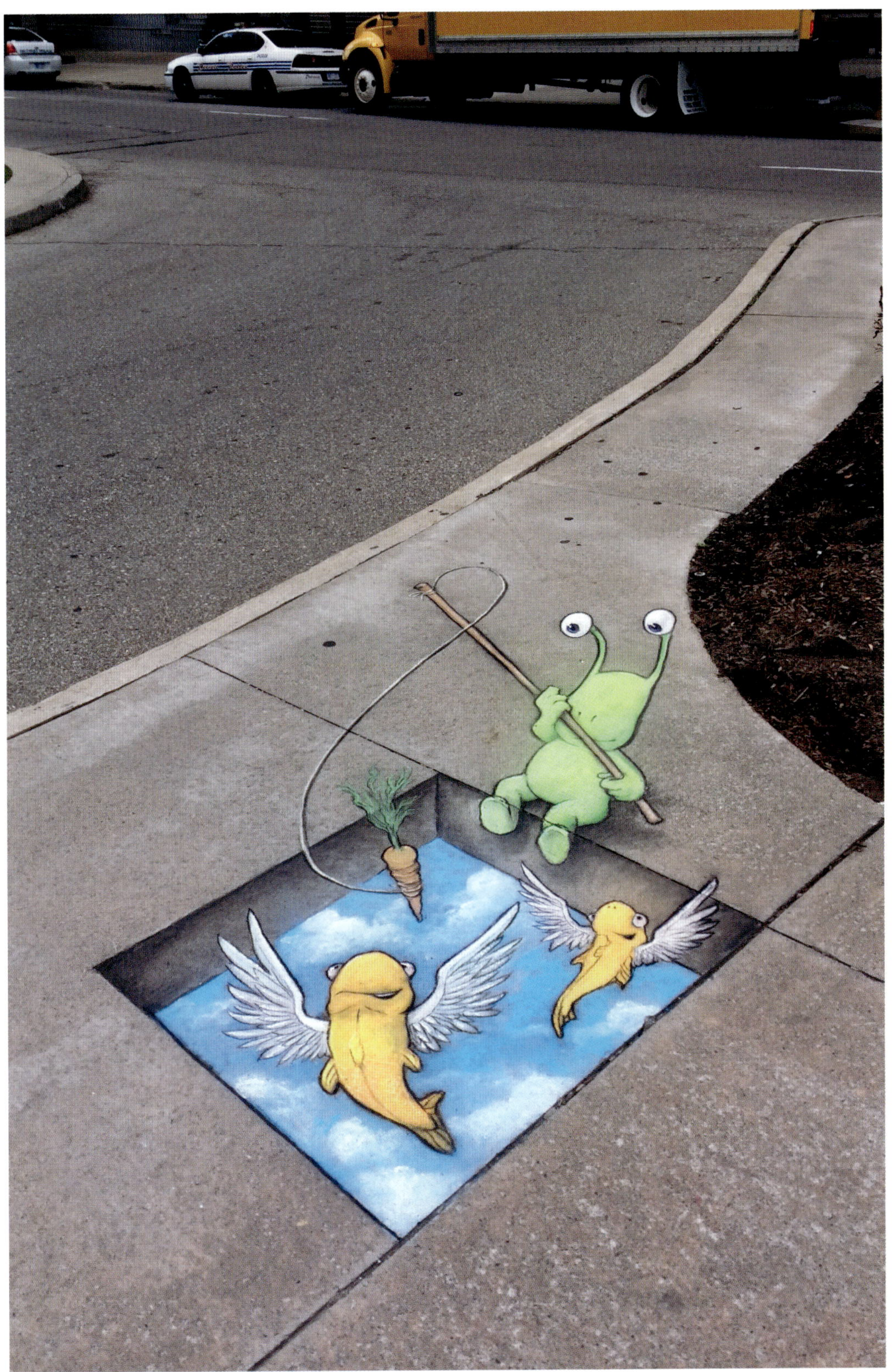

Fliegen(d) Fischen

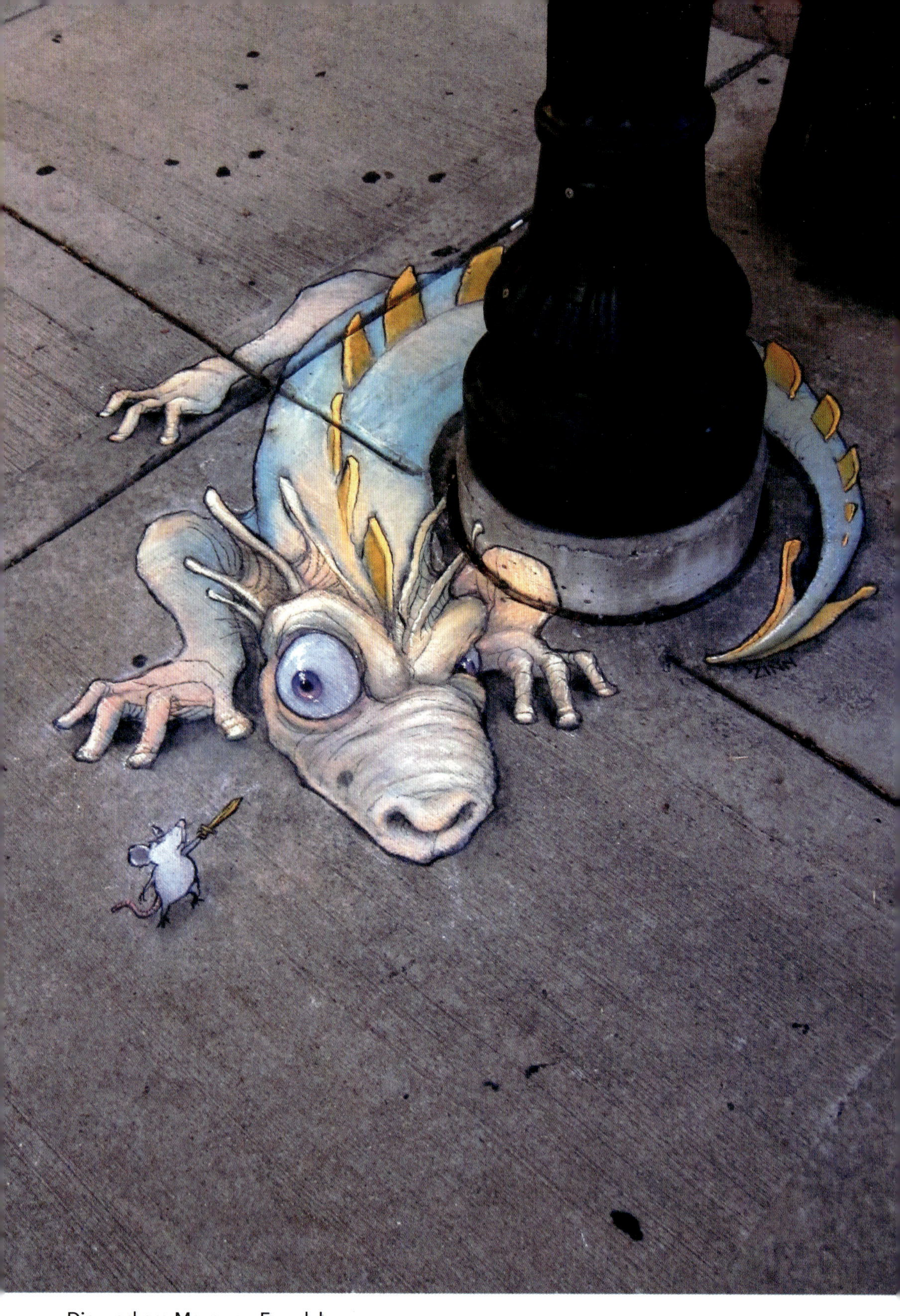

Die wackere Maus von Ferndale

FIGUREN AUF DER SUCHE NACH EINER GESCHICHTE

Diese Zeichnung ist mein Lieblingsbeispiel für Streetart aus dem Stehgreif. Sie begann als ein Schmutzfleck auf dem Bürgersteig, der mich an ein glotzendes Auge erinnerte. Ich zeichnete also einen passenden Kopf zu dem Auge, und natürlich auch einen Körper, damit der Kopf Sinn ergab, usw. Als die Kreatur dann fertiggestellt war, wurde es schon langsam dunkel; allerdings starrte sie so angestrengt auf einen bestimmten, aber leeren Flecken des Wegs, dass ich die Maus nachträglich hinzufügte. Ohne sie wäre das Bild offensichtlich unvollständig gewesen (damit die Maus sich in dieser Situation etwas wohler fühlen konnte, gab ich ihr noch ein Holzschwert).

Welche Geschichte sich hier auch immer ereignen mag, ich habe sie nicht geschrieben; ich habe lediglich versucht, einem augenförmigen Schmutzfleck zu einem höheren Sinn zu verhelfen. Glücklicherweise liegen die Abenteuer ganz beim Betrachter. Wenn ich Kinder danach frage, was sich auf dem Bild abspielt, sagen neunzig Prozent, dass eine tapfere Maus gegen einen bösen Drachen kämpft. Neun Prozent bestehen darauf, dass ein Babydrachen von einer bösen Maus attackiert wird, und eine fünf Jahre alte zukünftige Romanautorin sagte mir, die Maus sei ein Zahnarzt.

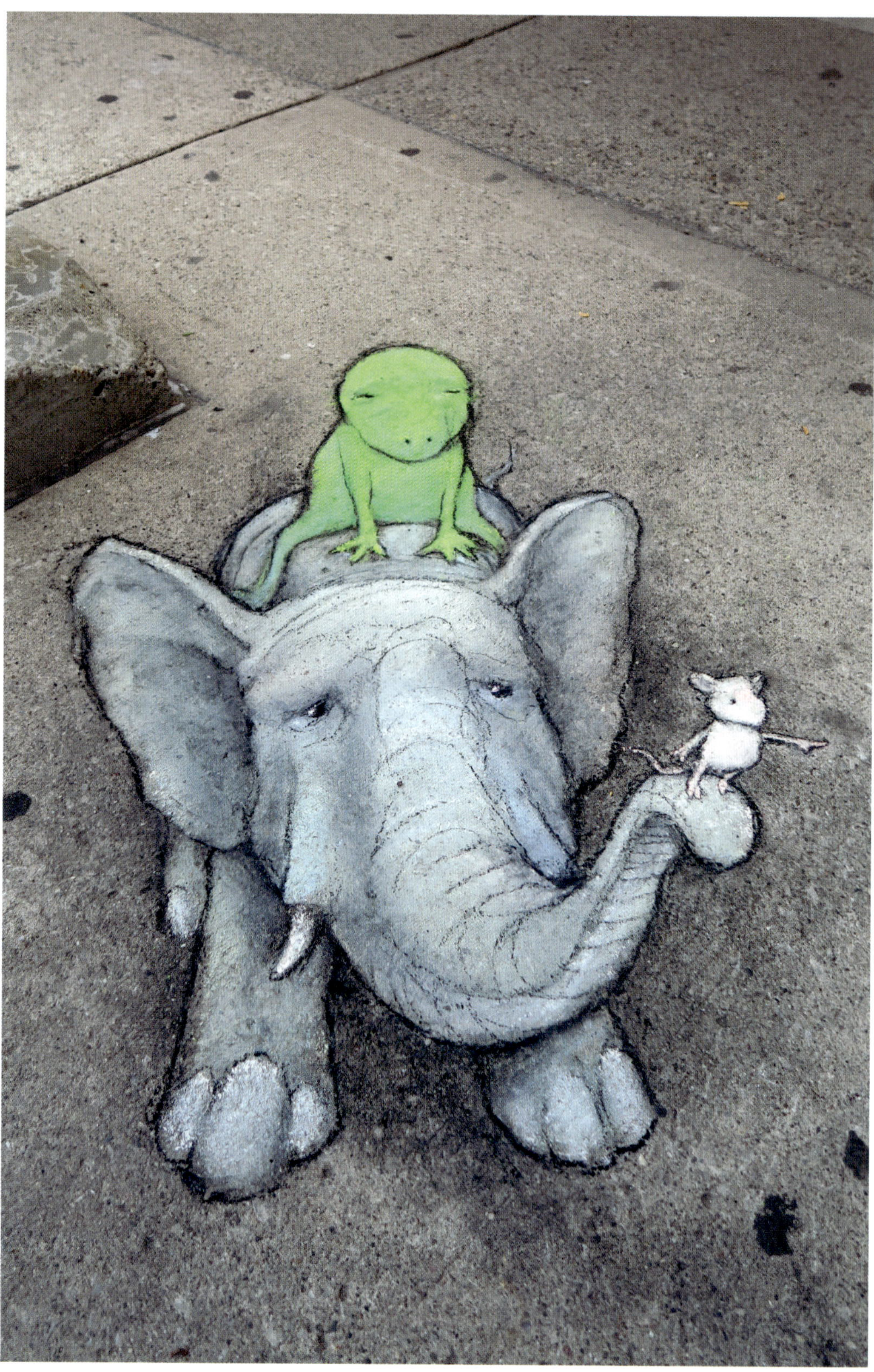

Aufgrund der späten Stunde und Brians Kurzsichtigkeit war Jane recht froh über ihre Entscheidung, eine Servicemaus zu engagieren

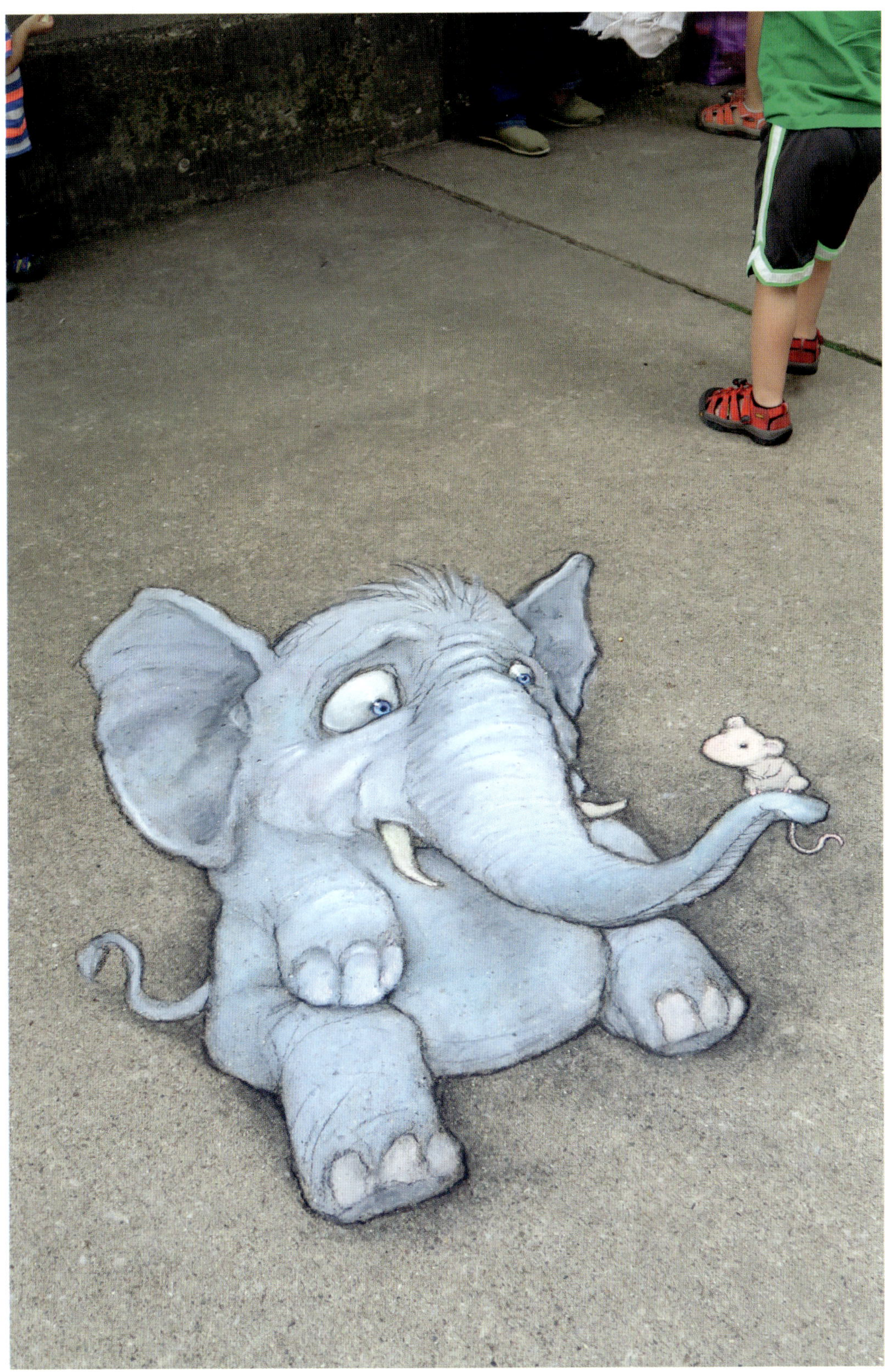

Anfangs war Louise der Meinung, dass Henry in seinem Online-Profil einige wichtige Details ausgelassen hatte

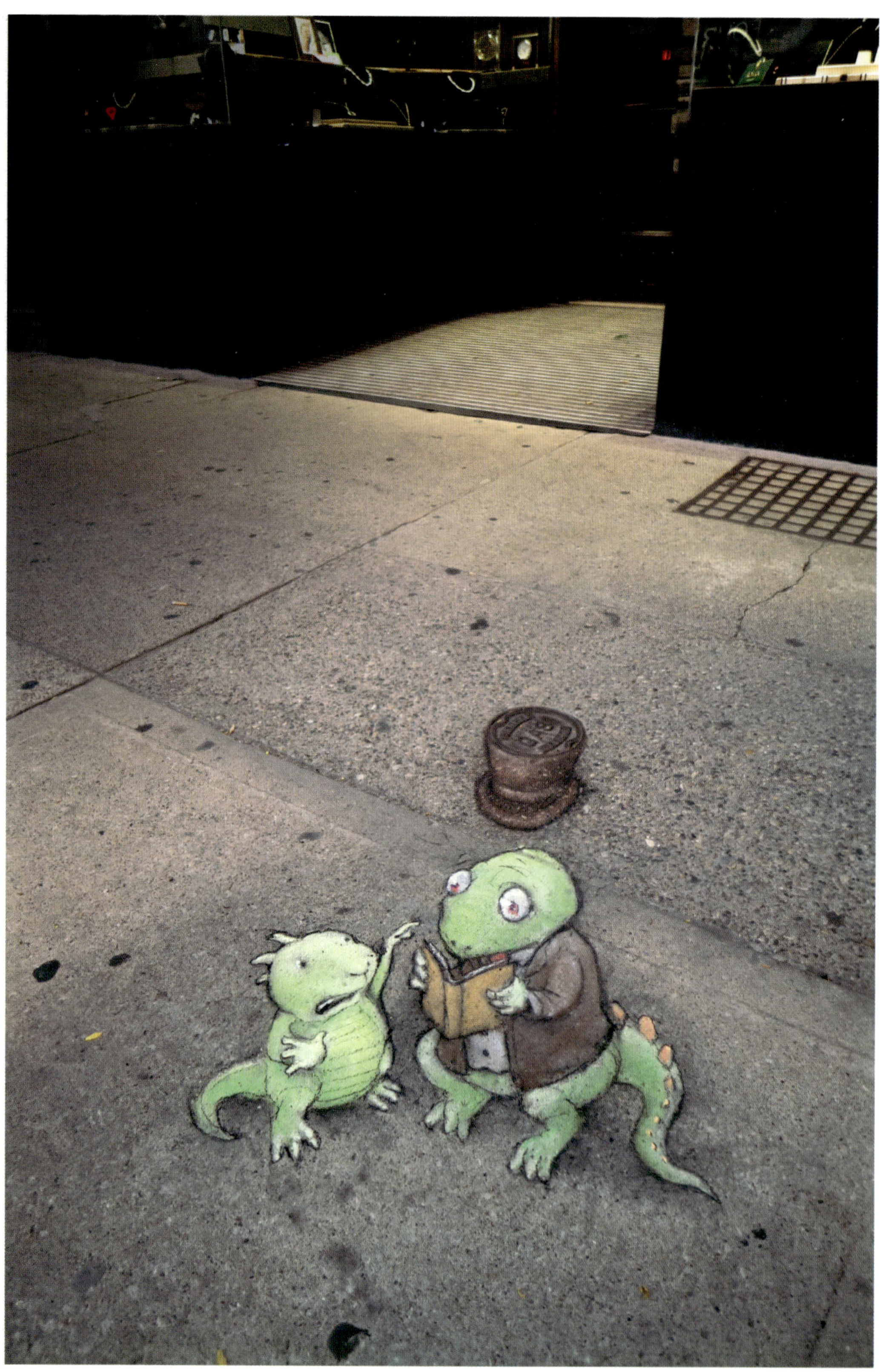

Onkel Bertram hätte sich über eine Spoiler-Warnung bezüglich der Ereignisse am Ende der Kreidezeit gefreut

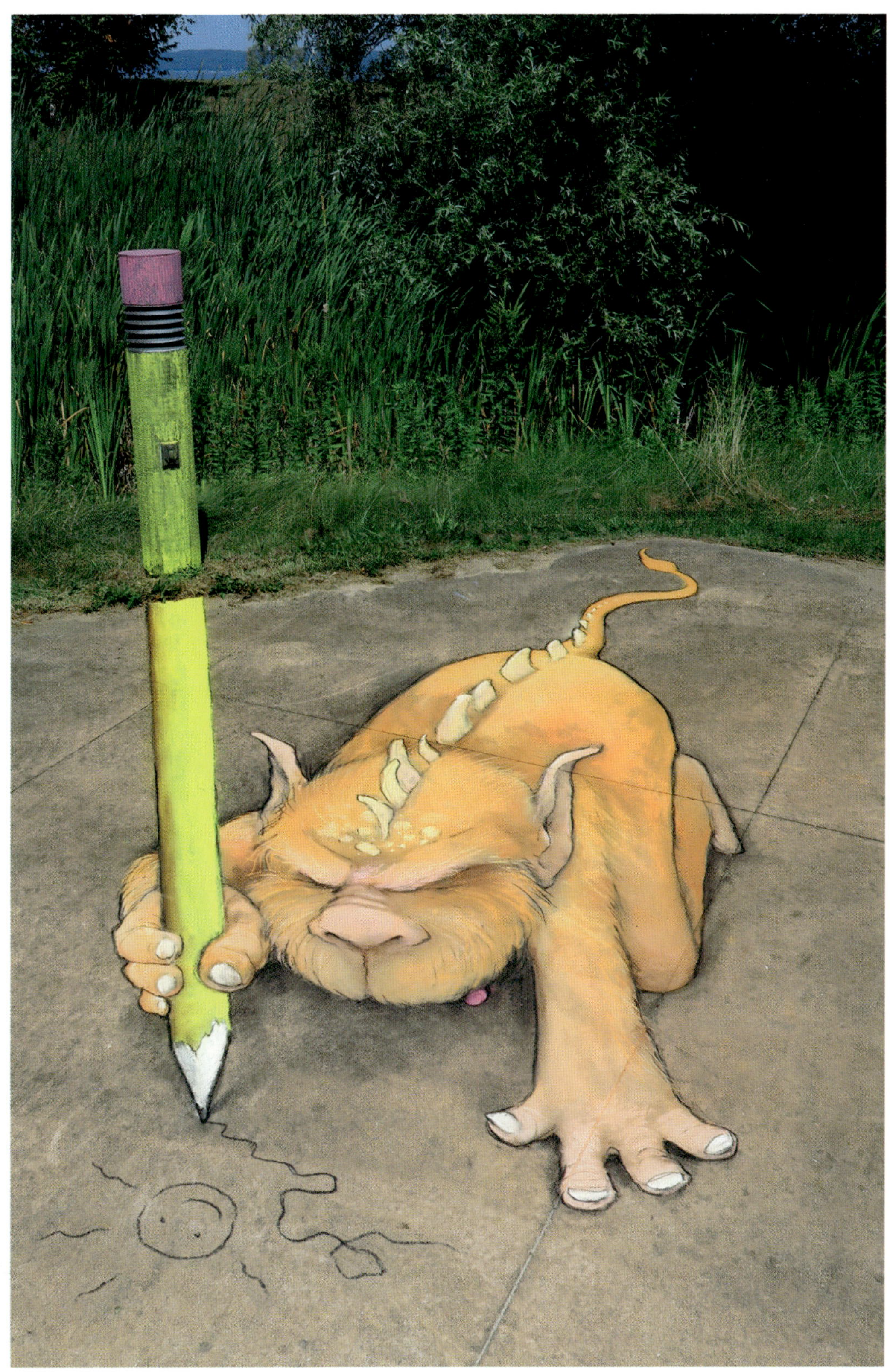

Nur schlechte Künstler geben ihrem Werkzeug die Schuld, aber Wilbur wurde das Gefühl nicht los, dass sein Stift eine recht festgefahrene Arbeitsmoral hatte

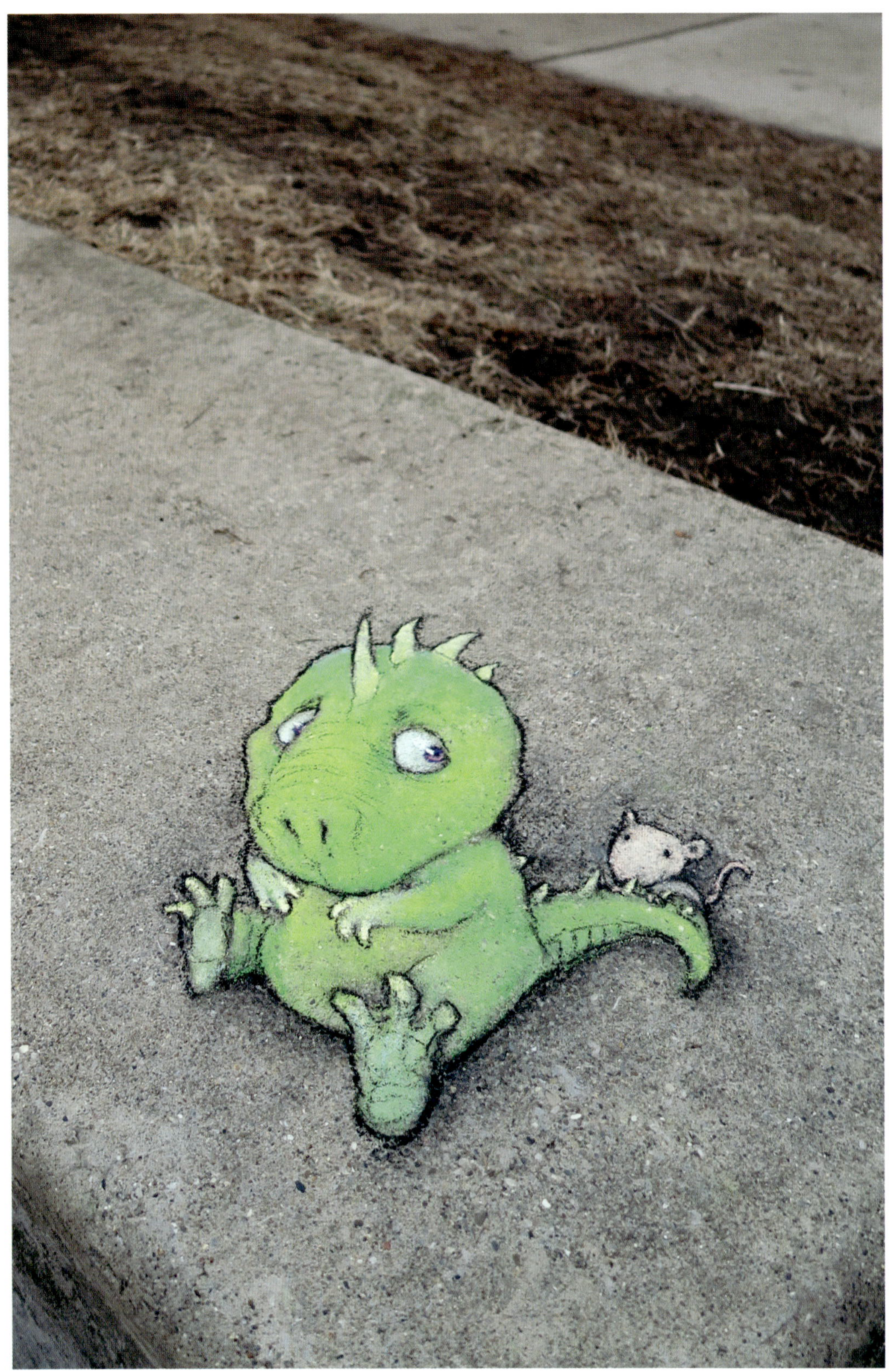

Die Unsicherheit nagte oft an Alans Verstand, und manchmal sogar an seinem Schwanz

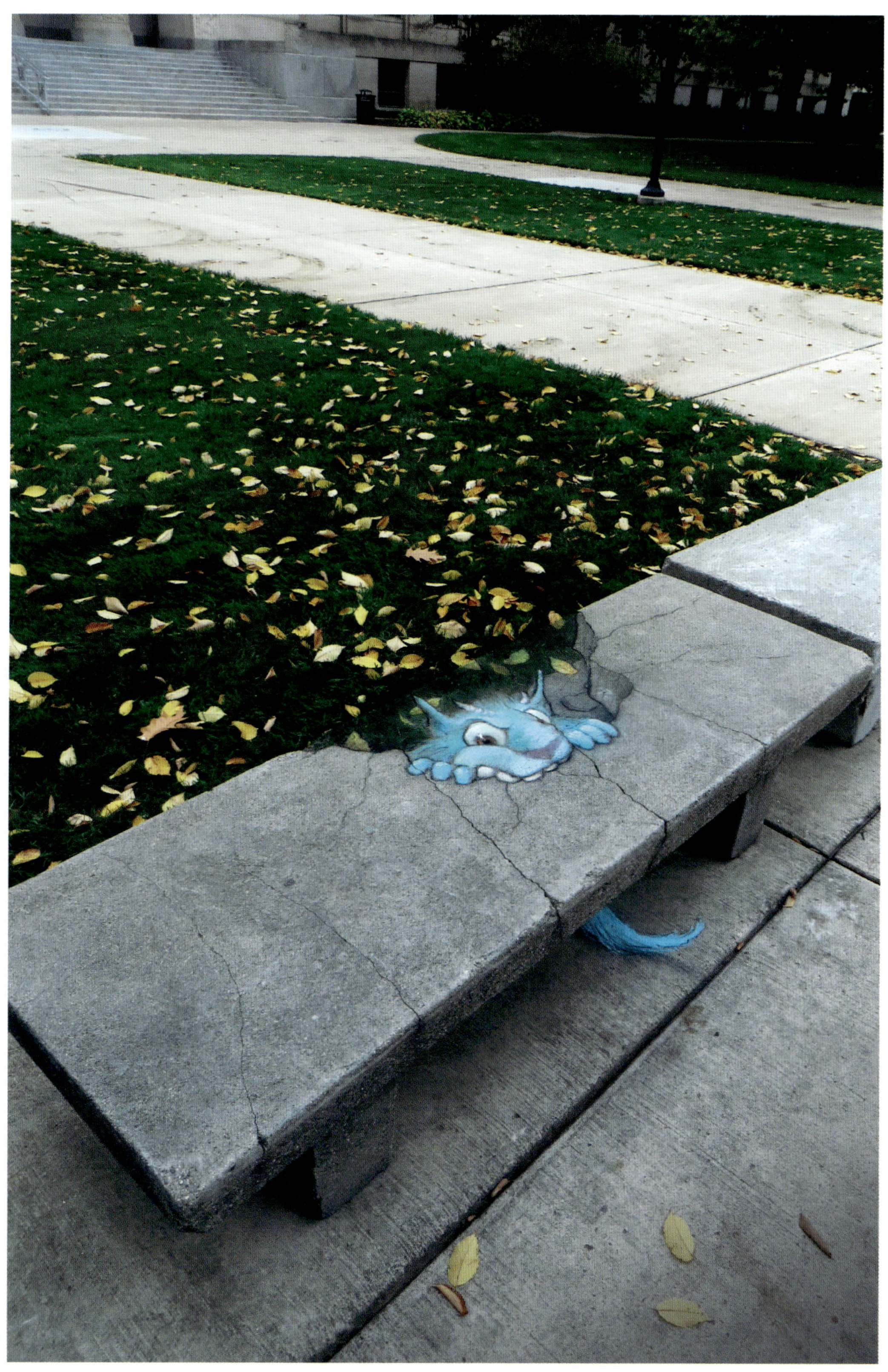

Zu dieser Jahreszeit ist Frustessen keine Seltenheit auf dem Campus

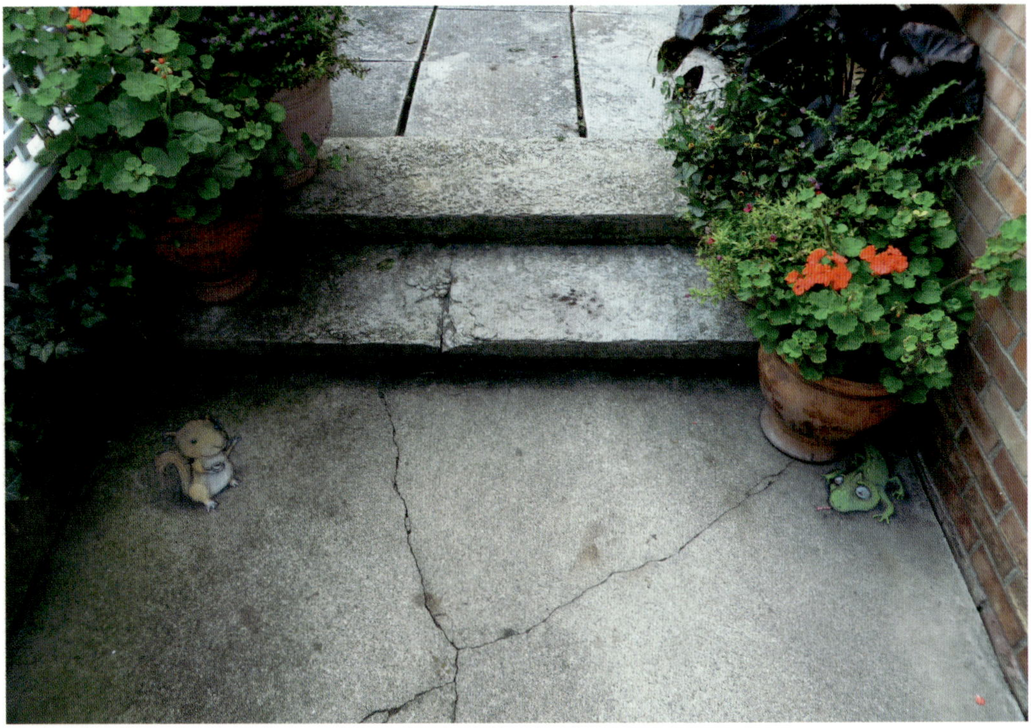

Nachbarn

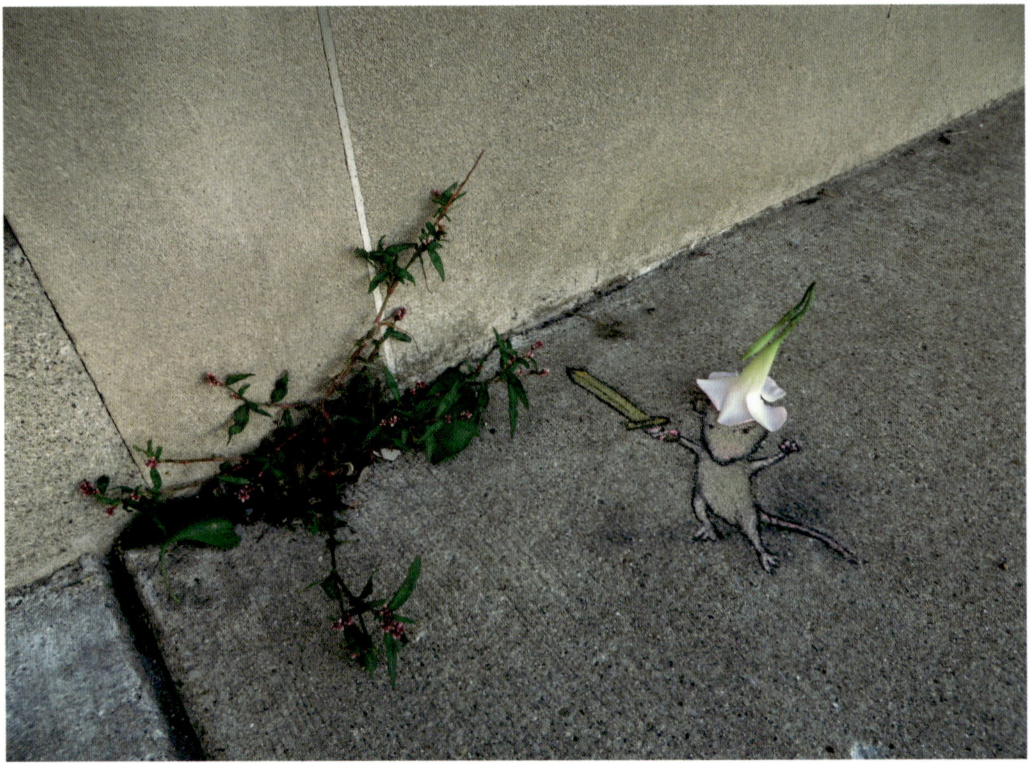

Nach dem Niedergang des Drachen-Bekämpfungs-Geschäfts muss sich die wackere Maus von Ferndale mit abenteuerlicher Unkrautbekämpfung über Wasser halten

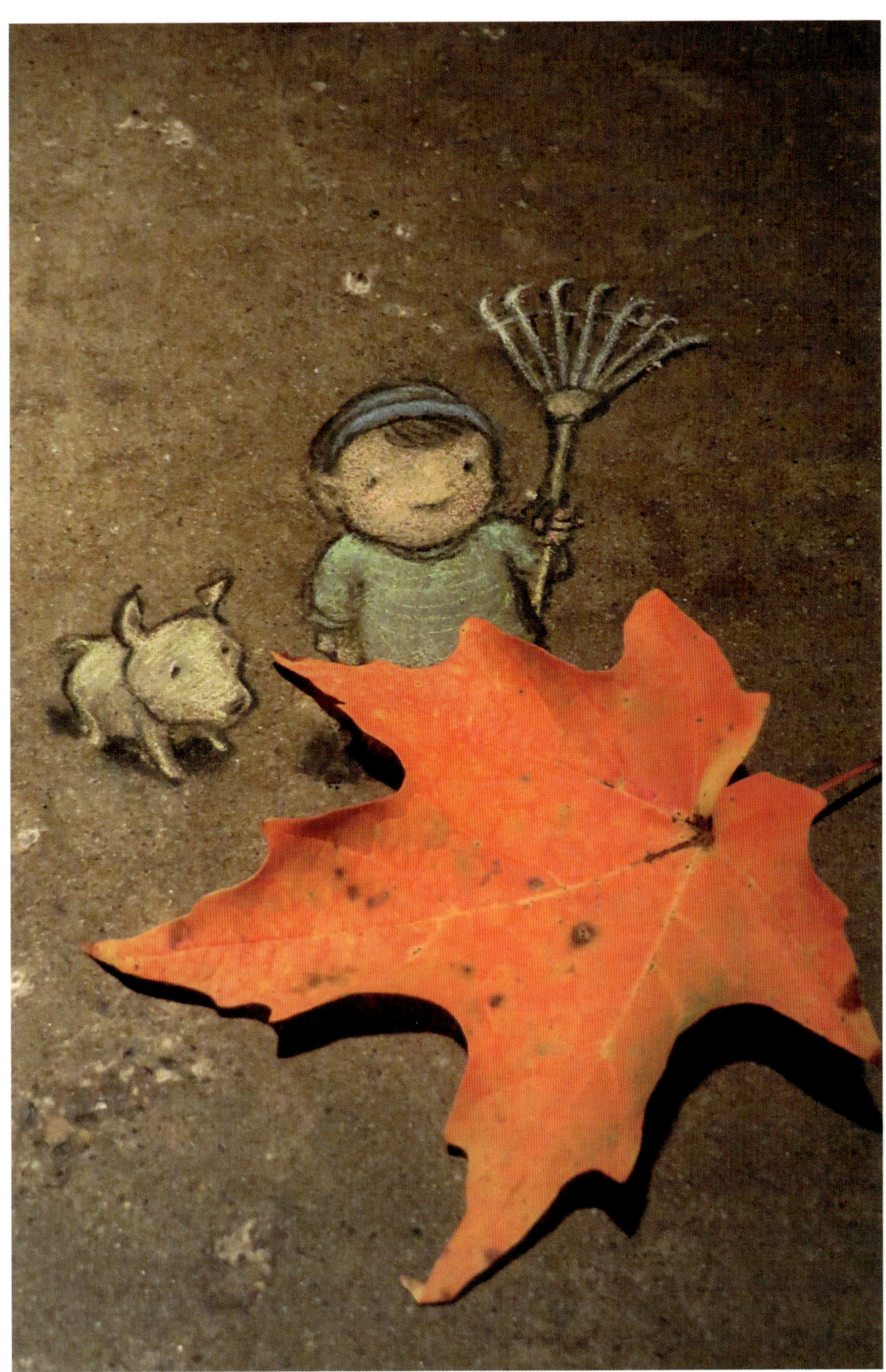

Wir werden eine größere Harke brauchen

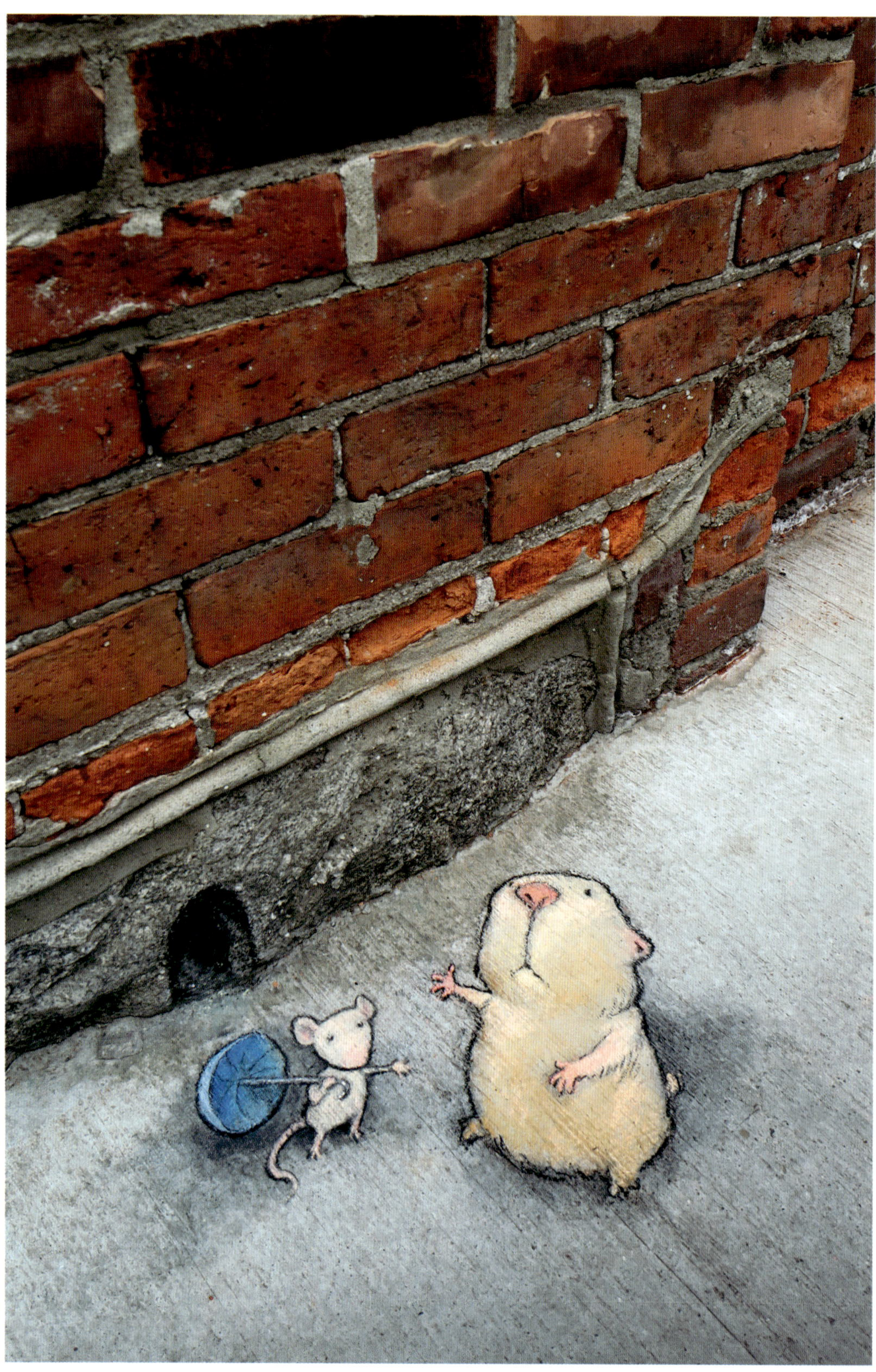

Wenn man bezüglich des Wetters nur unschlüssig genug ist, wird sich bald jemand dazugesellen, um die Gewissheit noch weiter zu schmälern

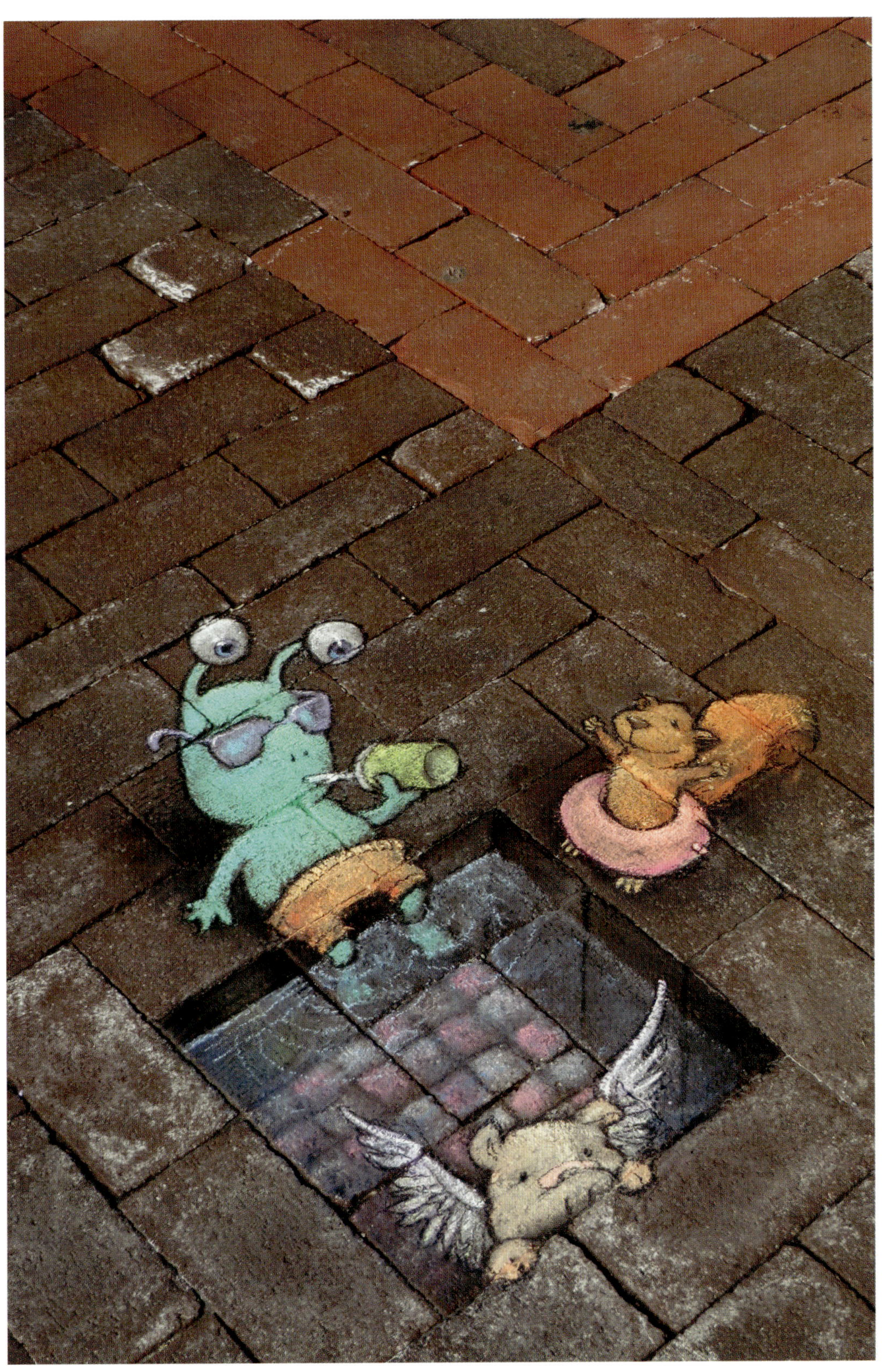

Campus-Poolparty

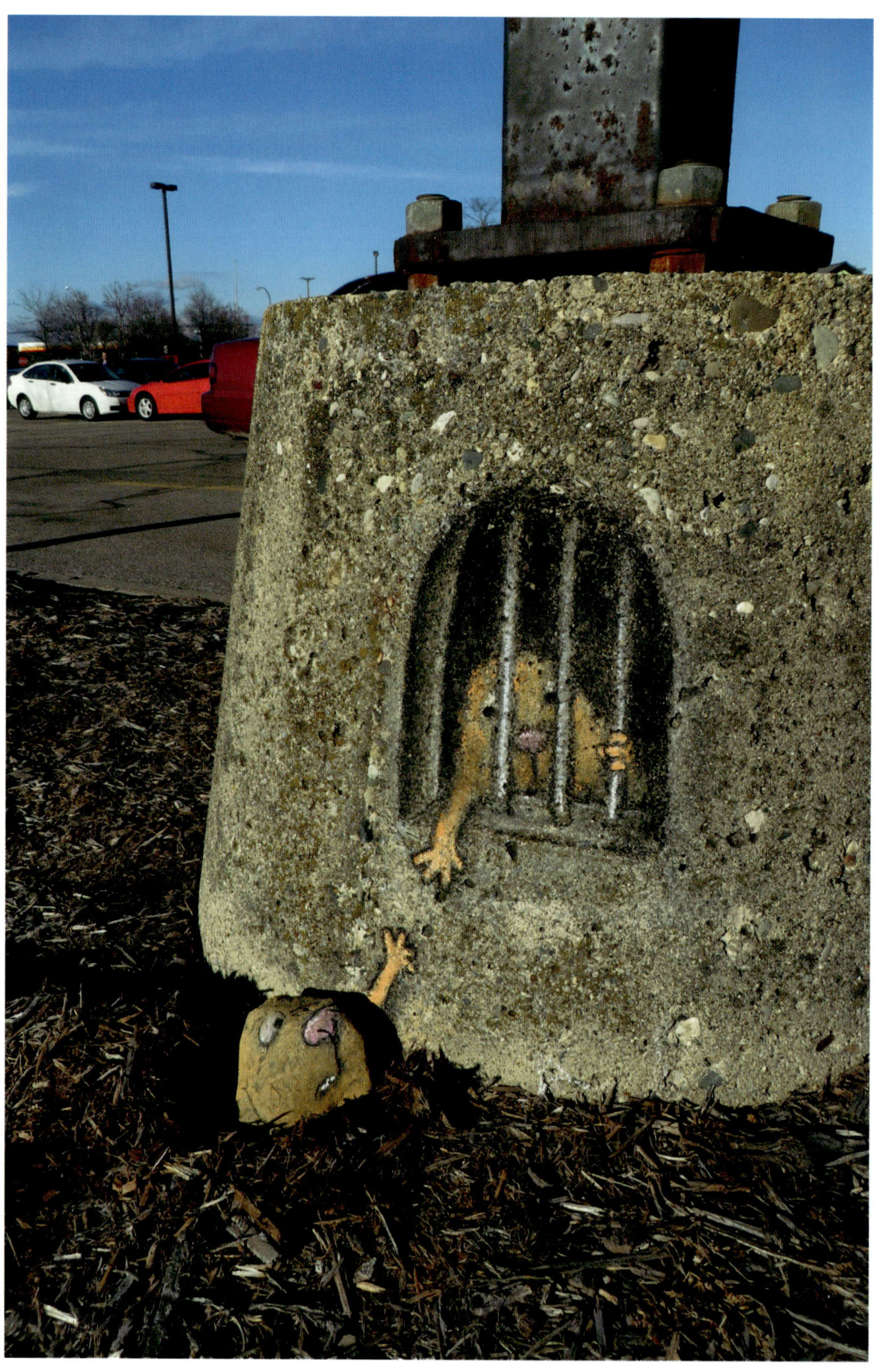

Kleines Gefängnis, großer Ausbruch (ich hoffe, er hat Werkzeug in diesem Tunnel)

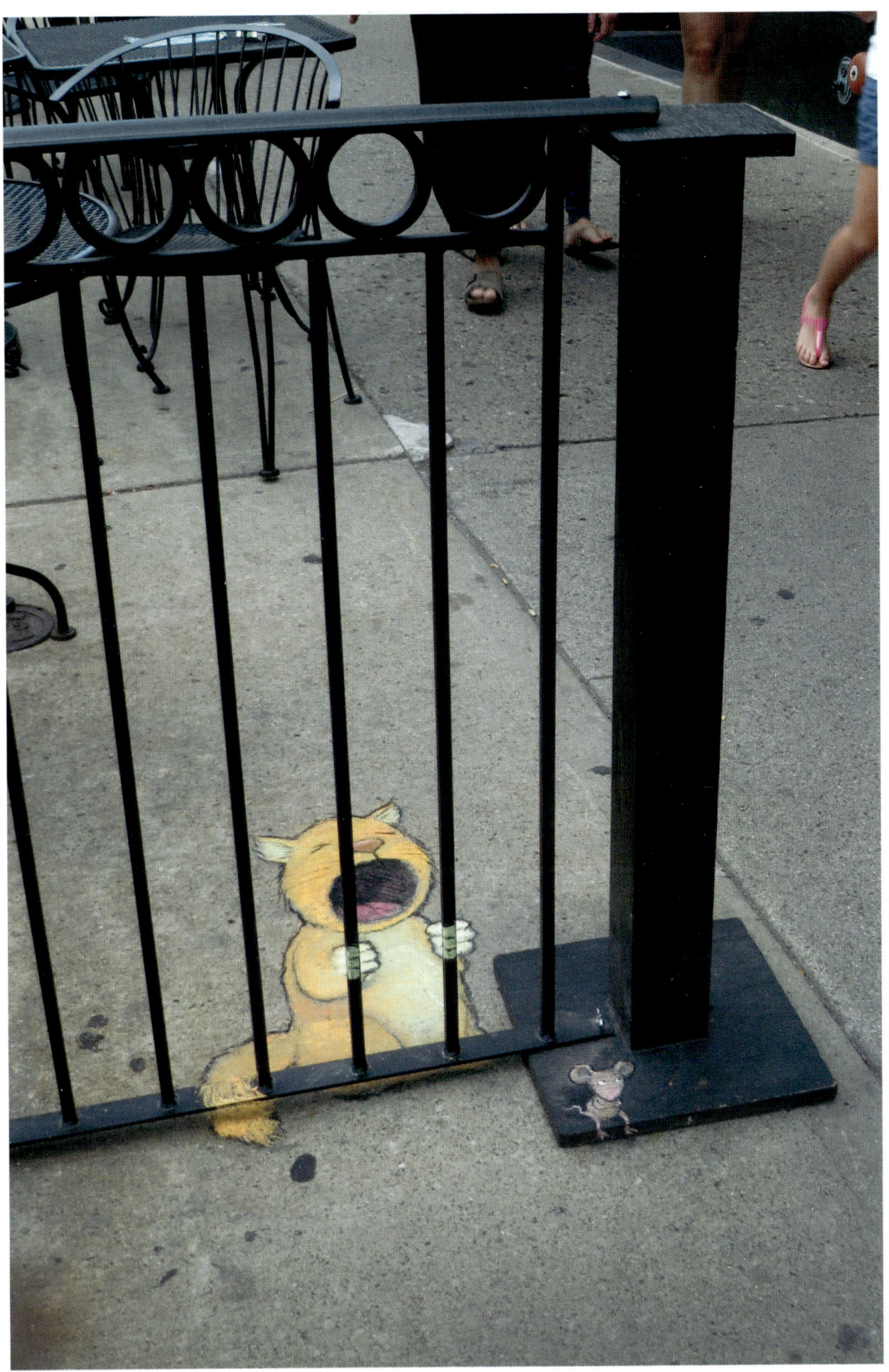

Tragik ist Ansichtssache … und manchmal eines Hangs zur Dramatik

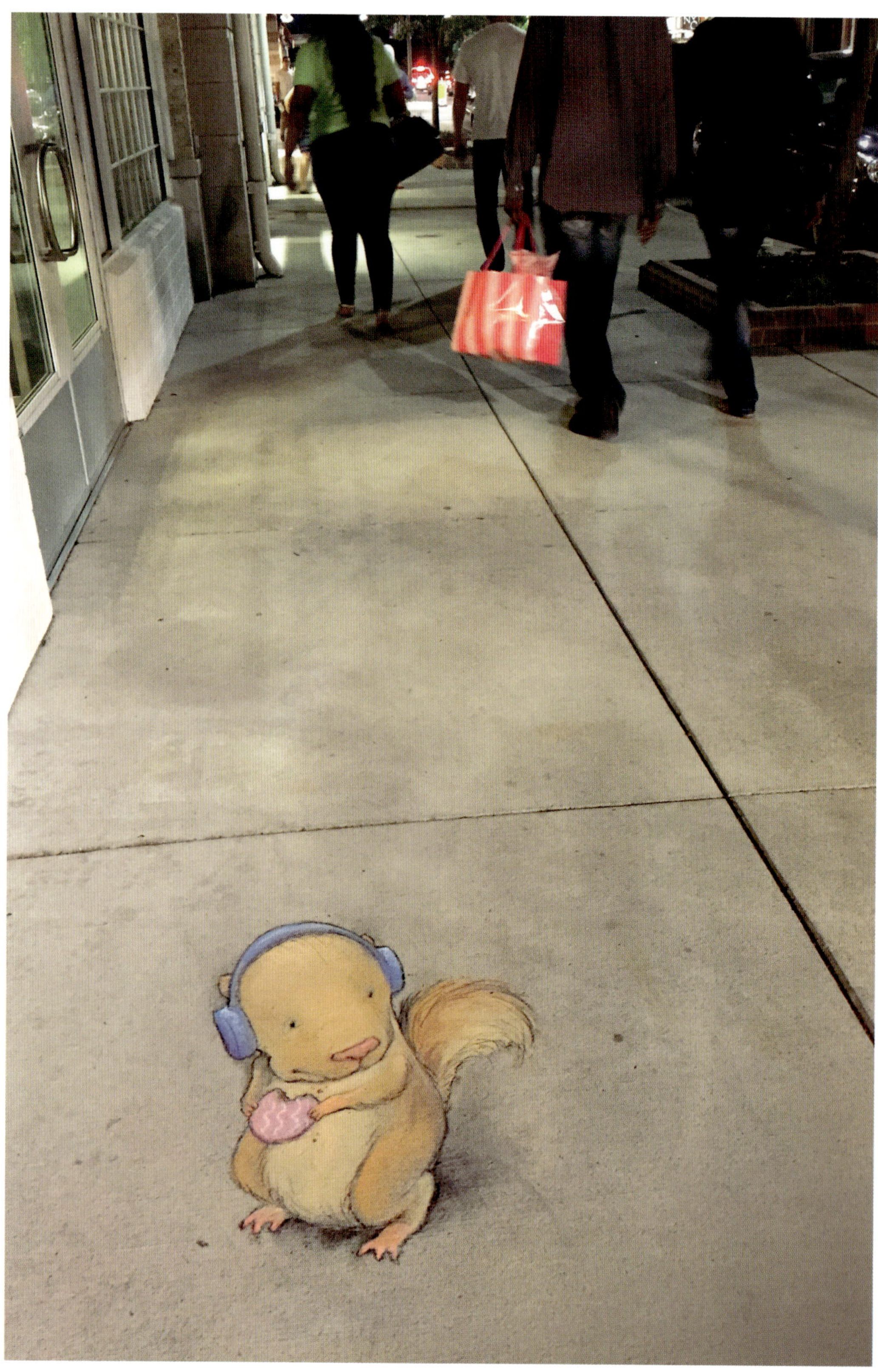

Erik maximiert sein Hörerlebnis, indem er jedes Mal, wenn er einen Cookie isst, Ohrenschützer trägt

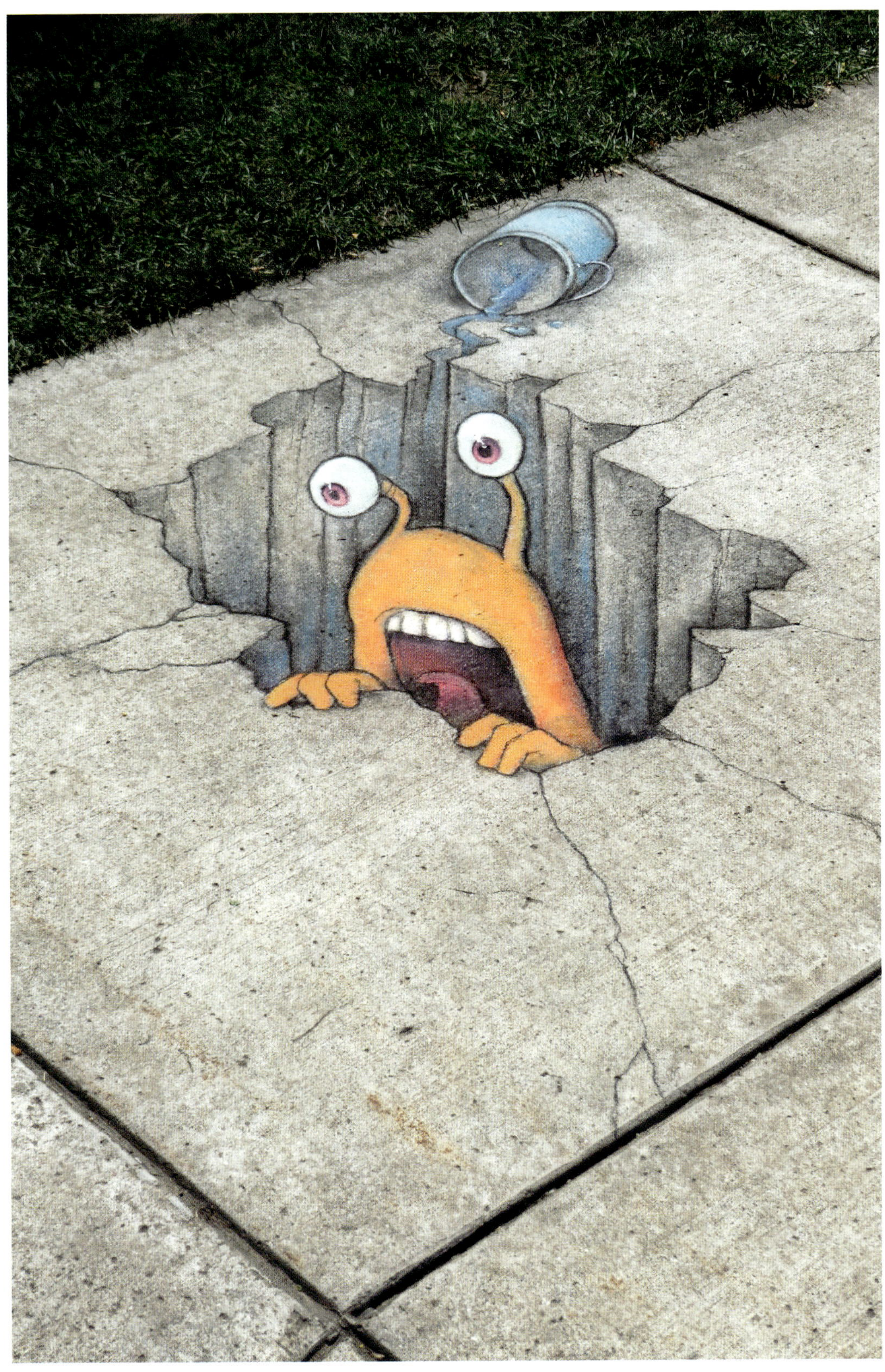

CARPE SCREAM: Nutze den Tag, indem du so viele Leute wie möglich anschreist

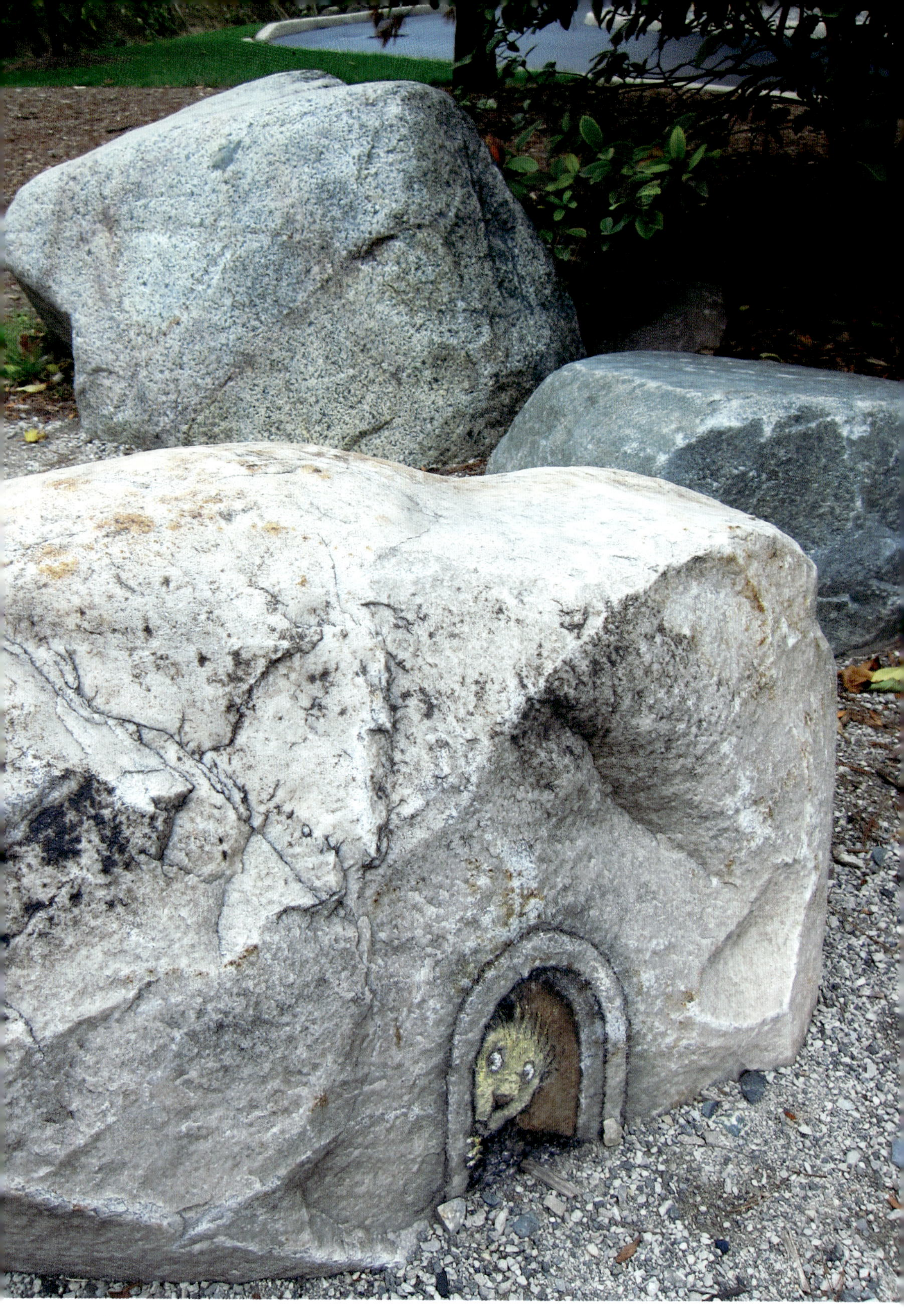

Das Warten auf den 1. November

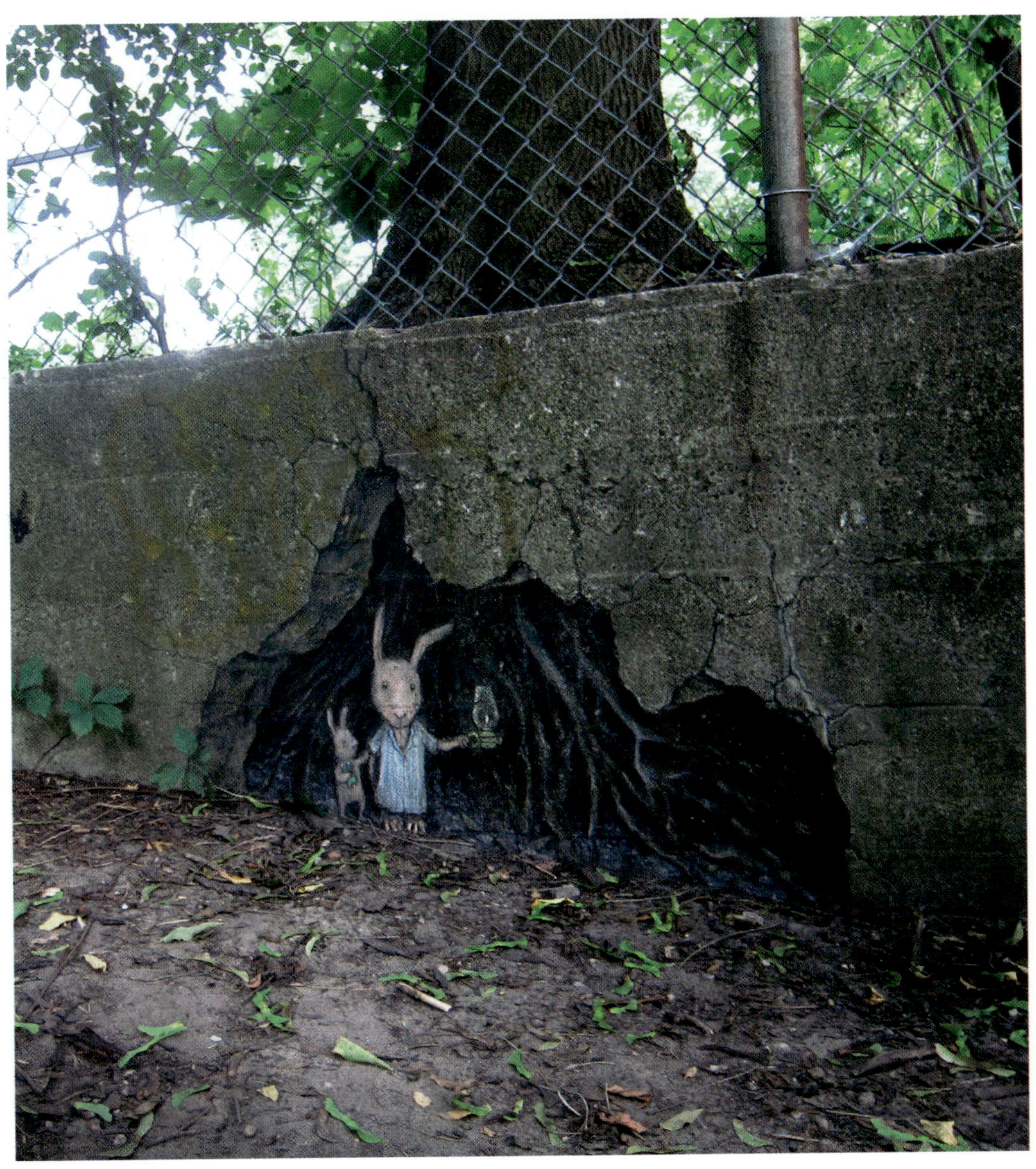

Wurzeln schlagen

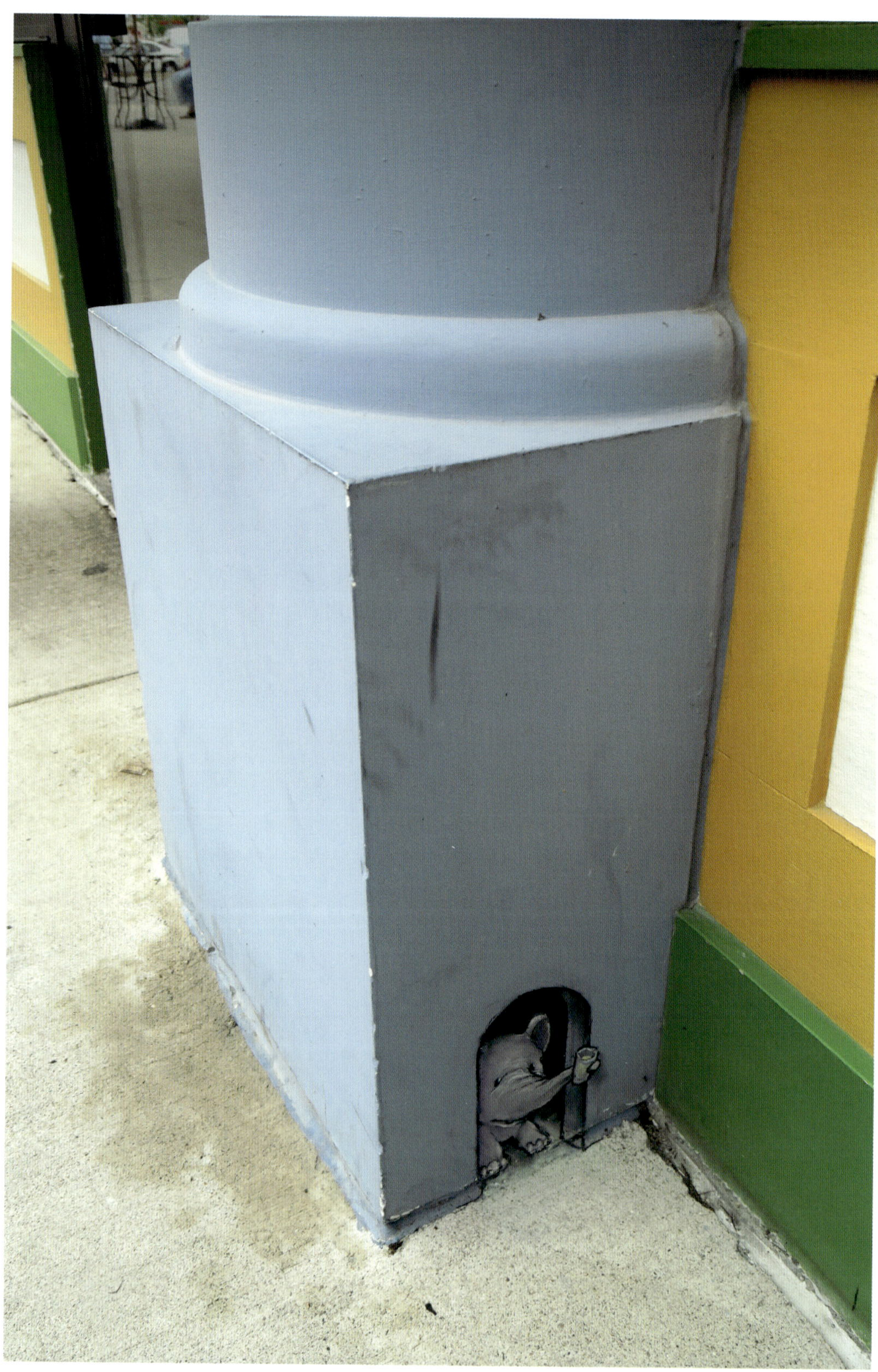

Sichtung eines Elefanten in der Plum Street 52, fotografiert, kurz bevor der Besatzer wegen rüsselhaften Verhaltens Strafe zahlen musste

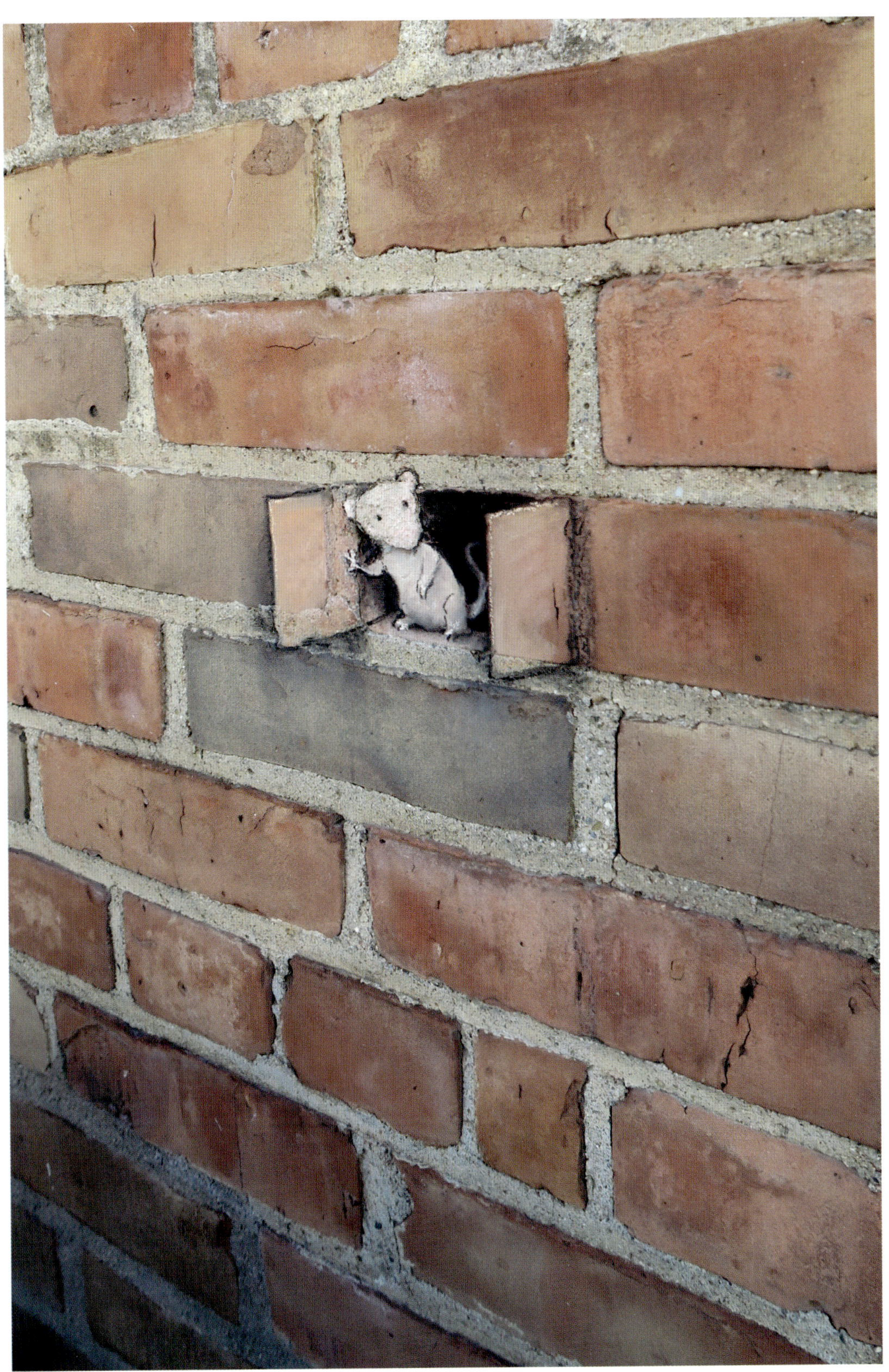

Pfötchen nimmt vorsichtig das Lüften in Angriff

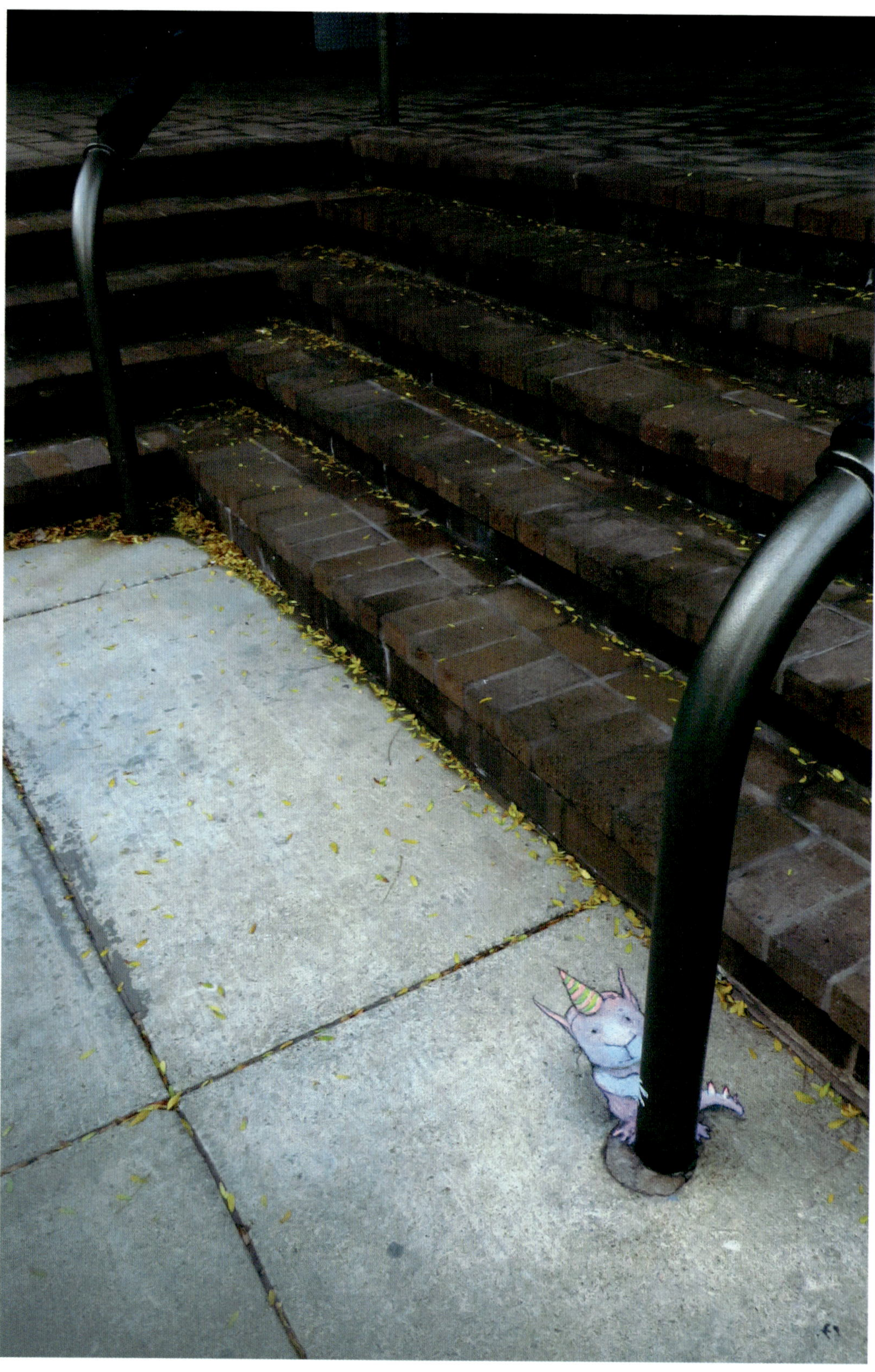

George mag Partys. Aber er hat als Party-Monster angeheuert, weil ihm das Warten genauso Freude macht.

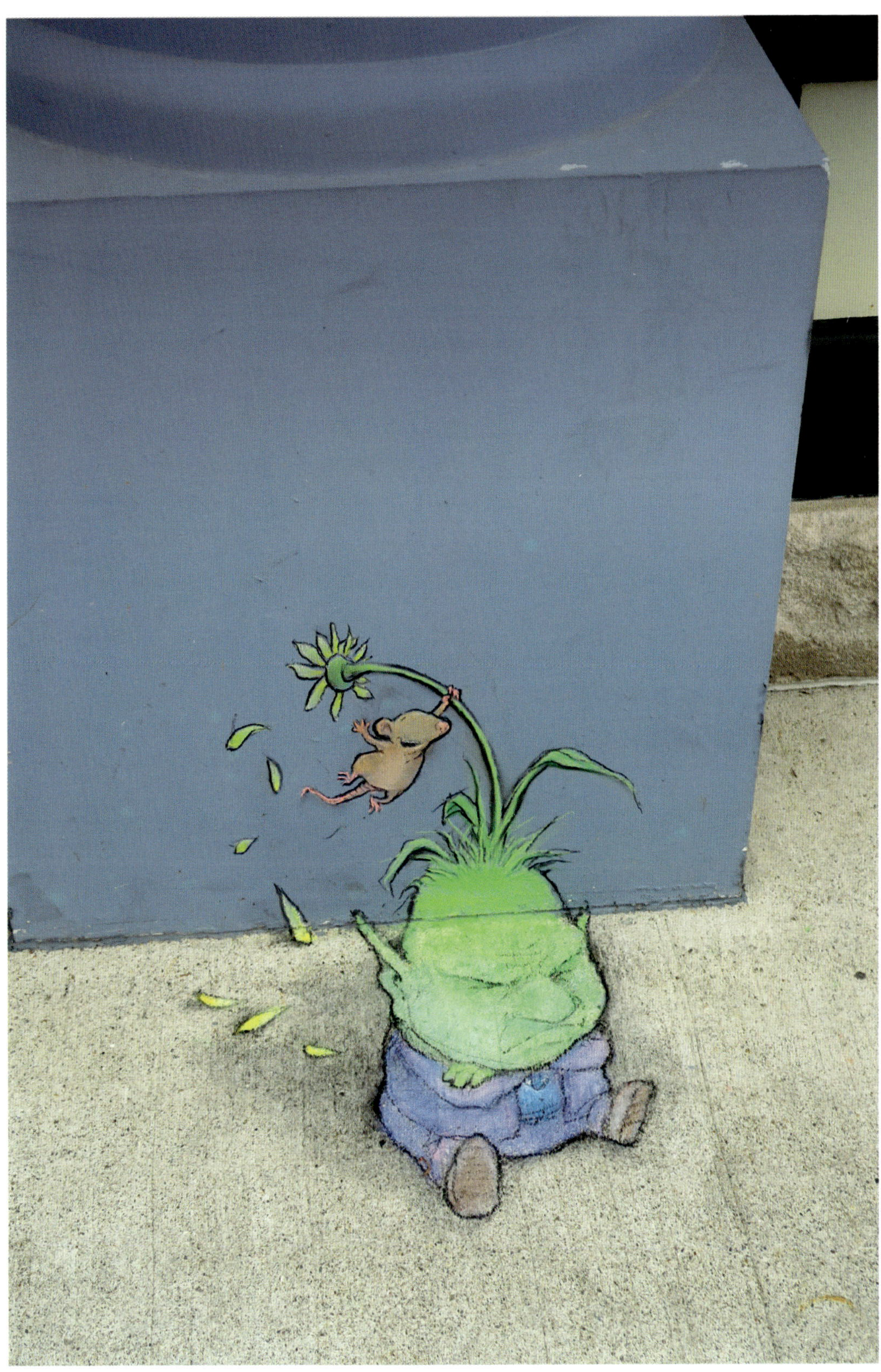

Porträt des Künstlers als Troll mit Maus, Freundschaftsstatus ausstehend

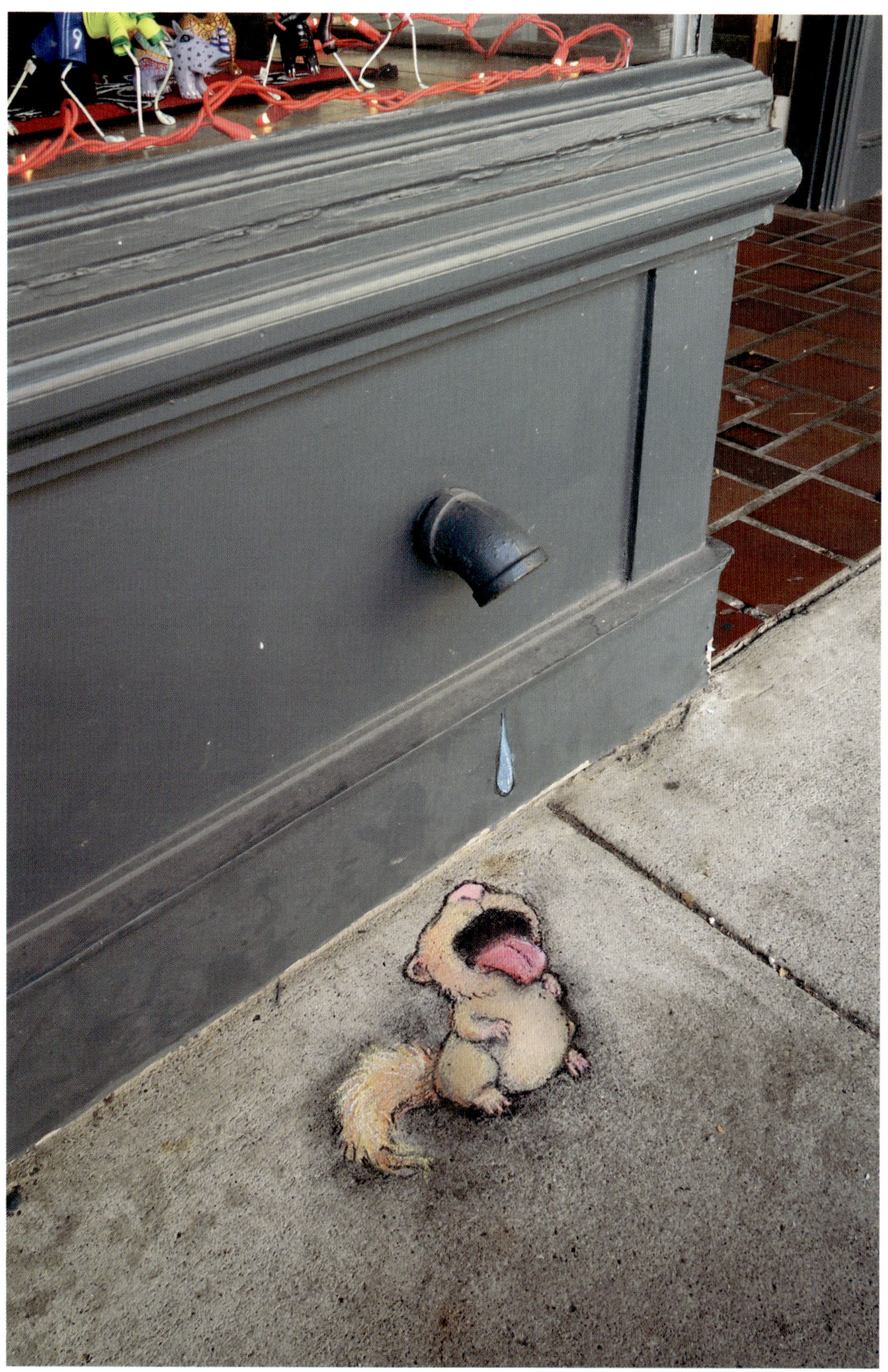

Wasserversorgung in den Straßen von Ann Arbor

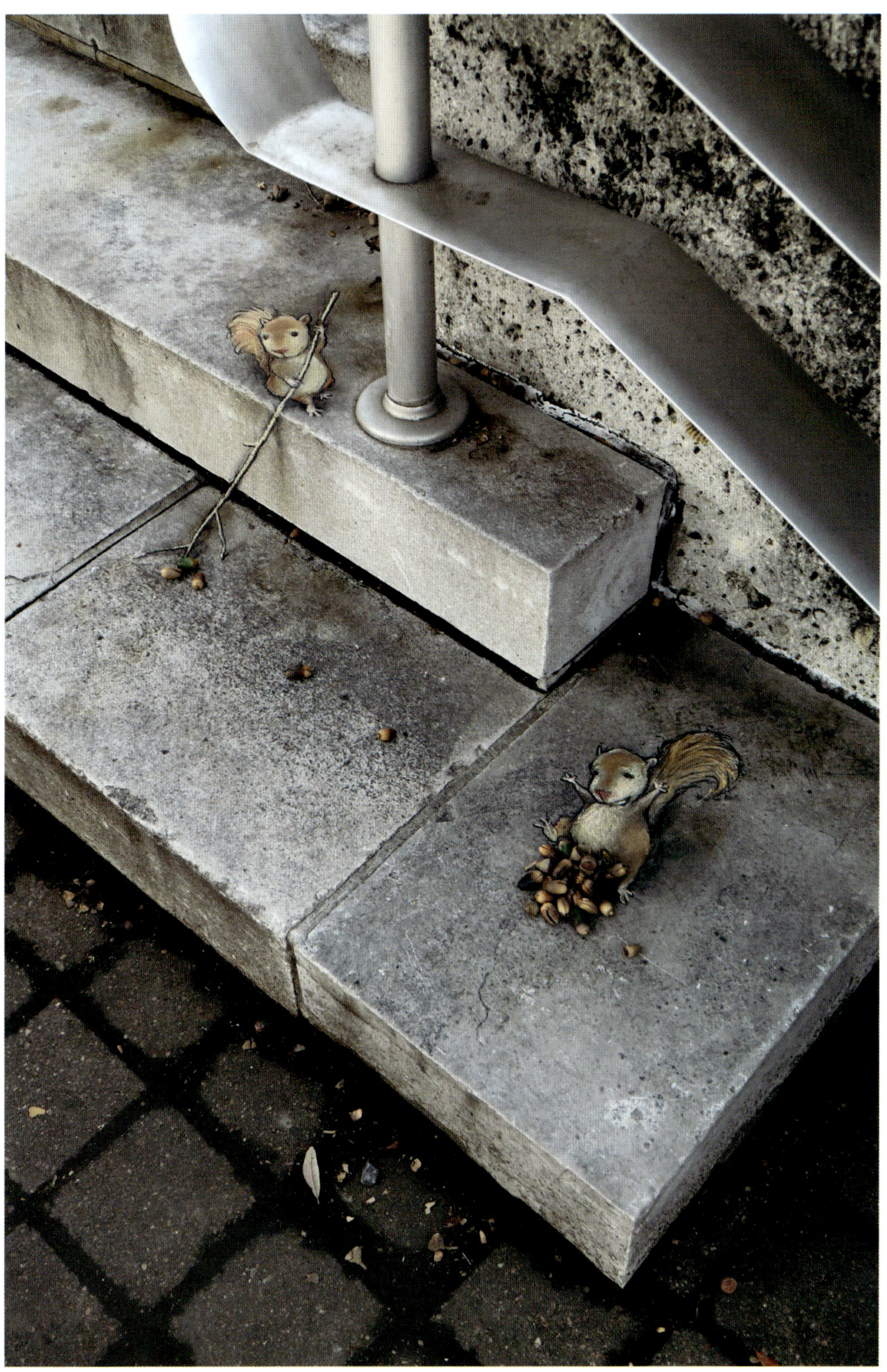

Die Herbstkollektion in Houston, Texas

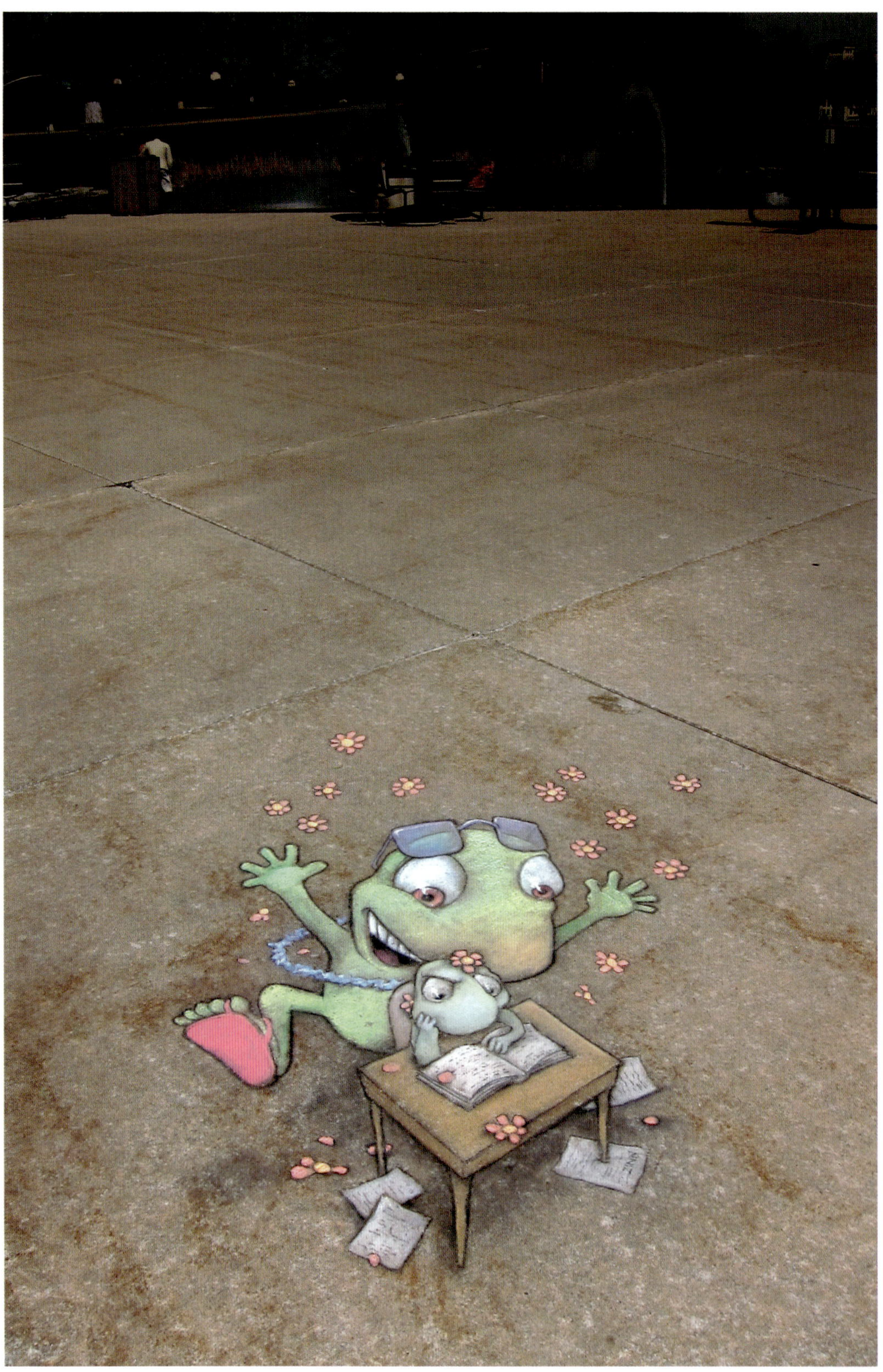

Die Tyrannei des Frühlings

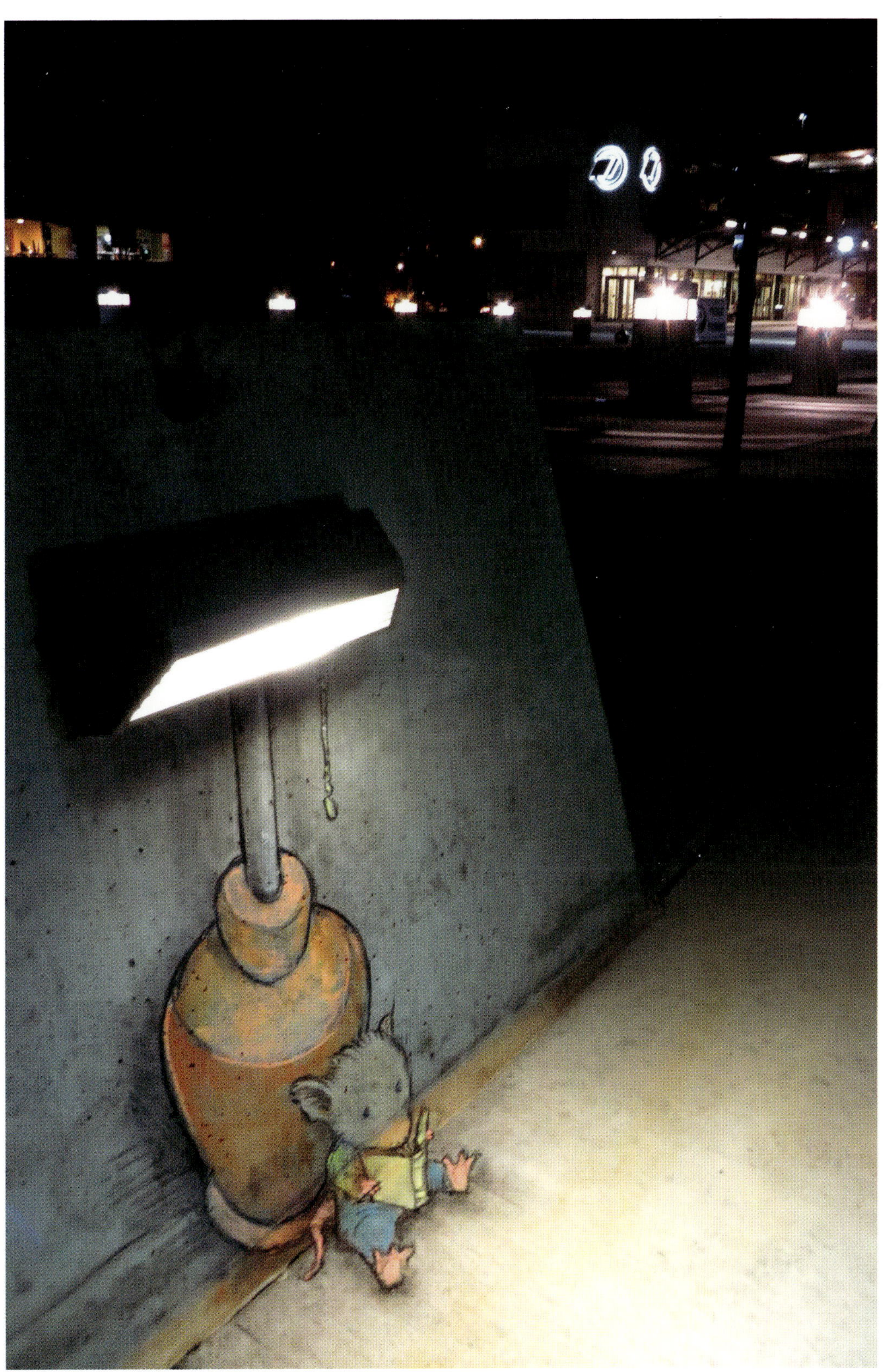

Das Buch in einem ganz neuen Licht sehen

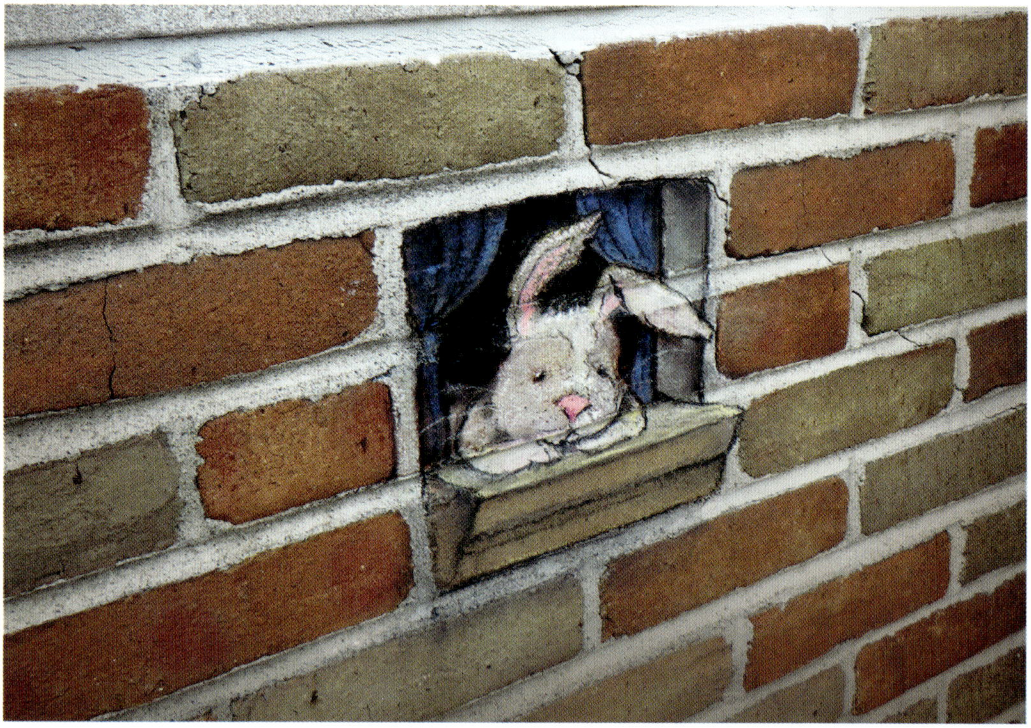

So zufrieden Alfons mit seiner neuen Bleibe auch war, er musste zugeben, dass er den Hut schon manchmal vermisste

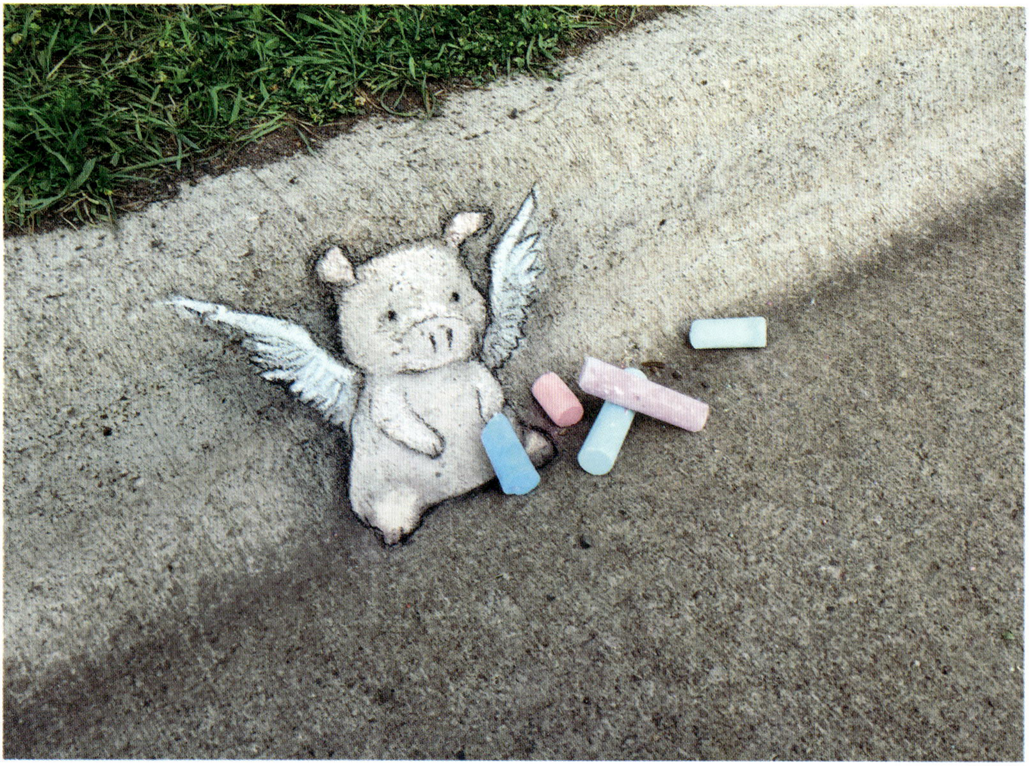

Philomena wartet auf Inspiration

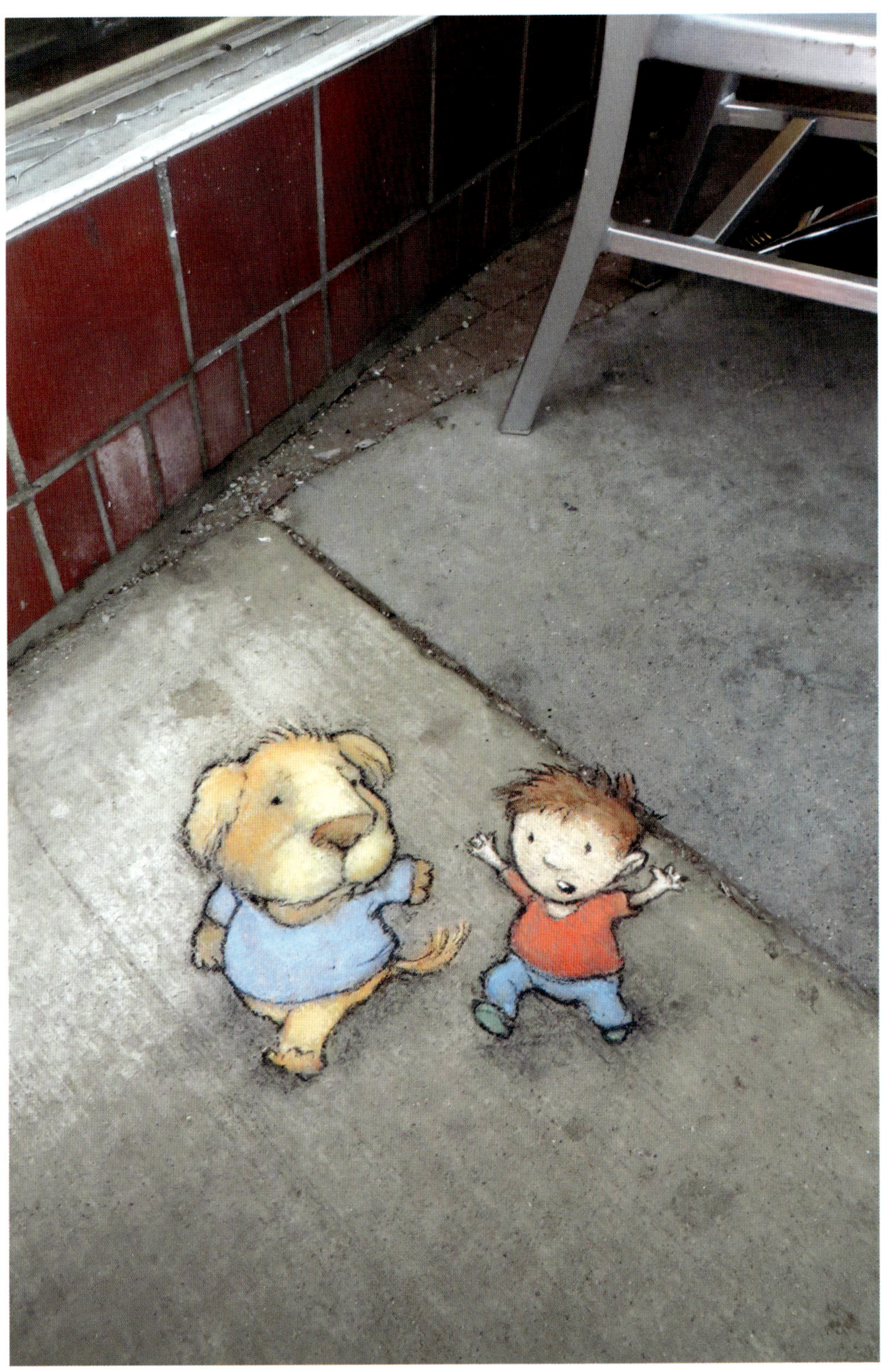

Kleiner Junge, große Geschichte

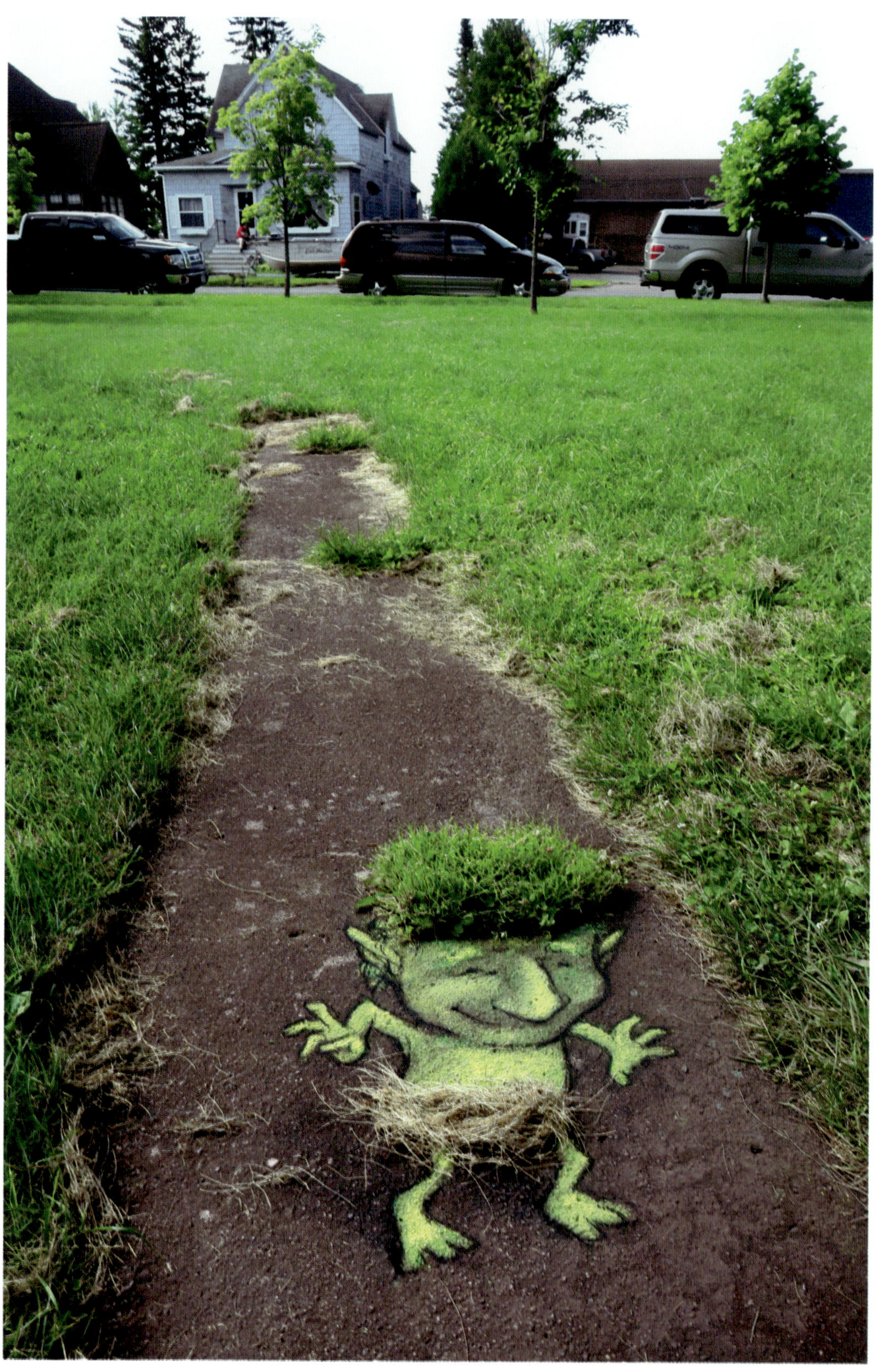

Heute noch Frisur …

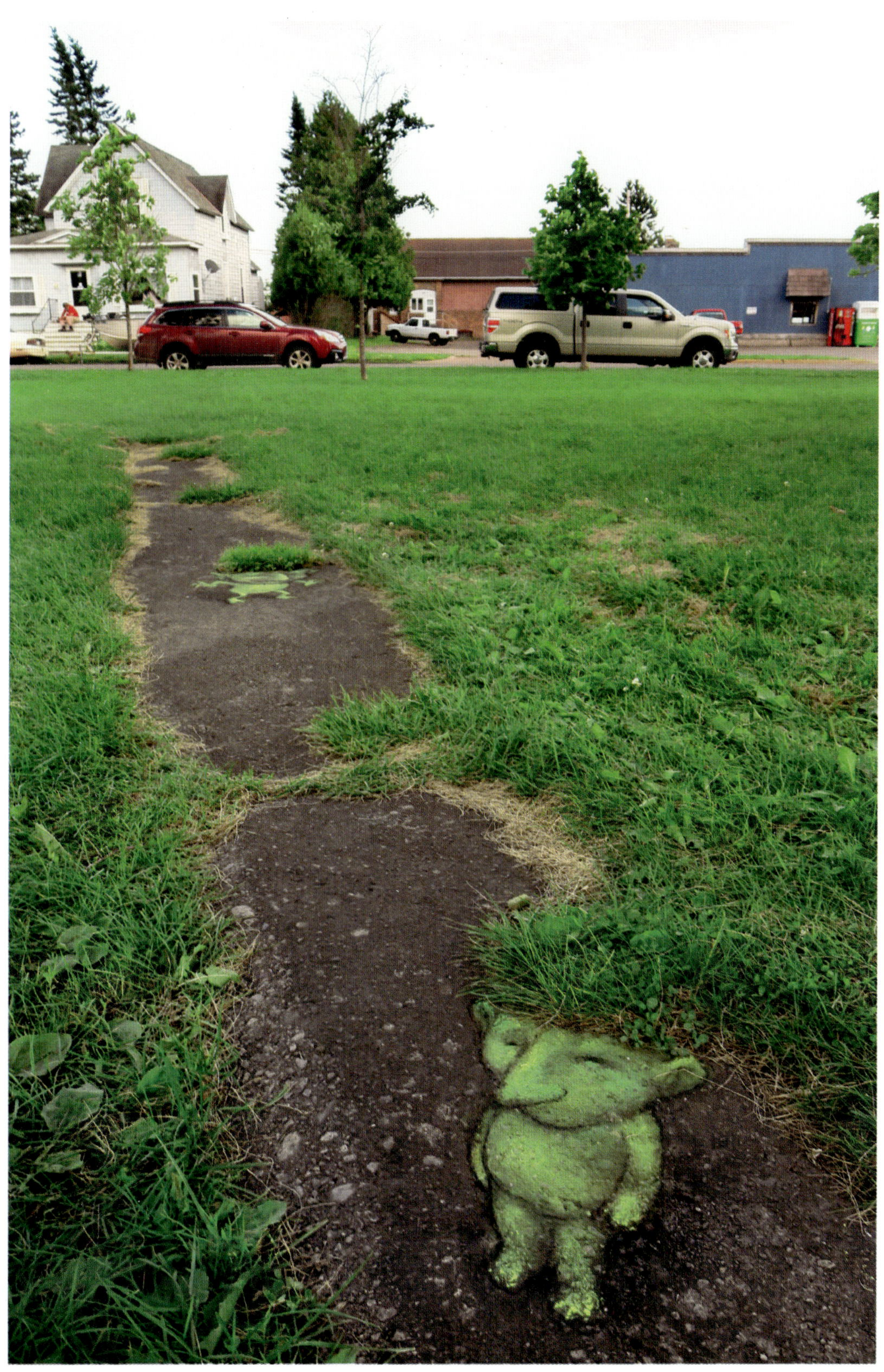

… morgen schon Rasen

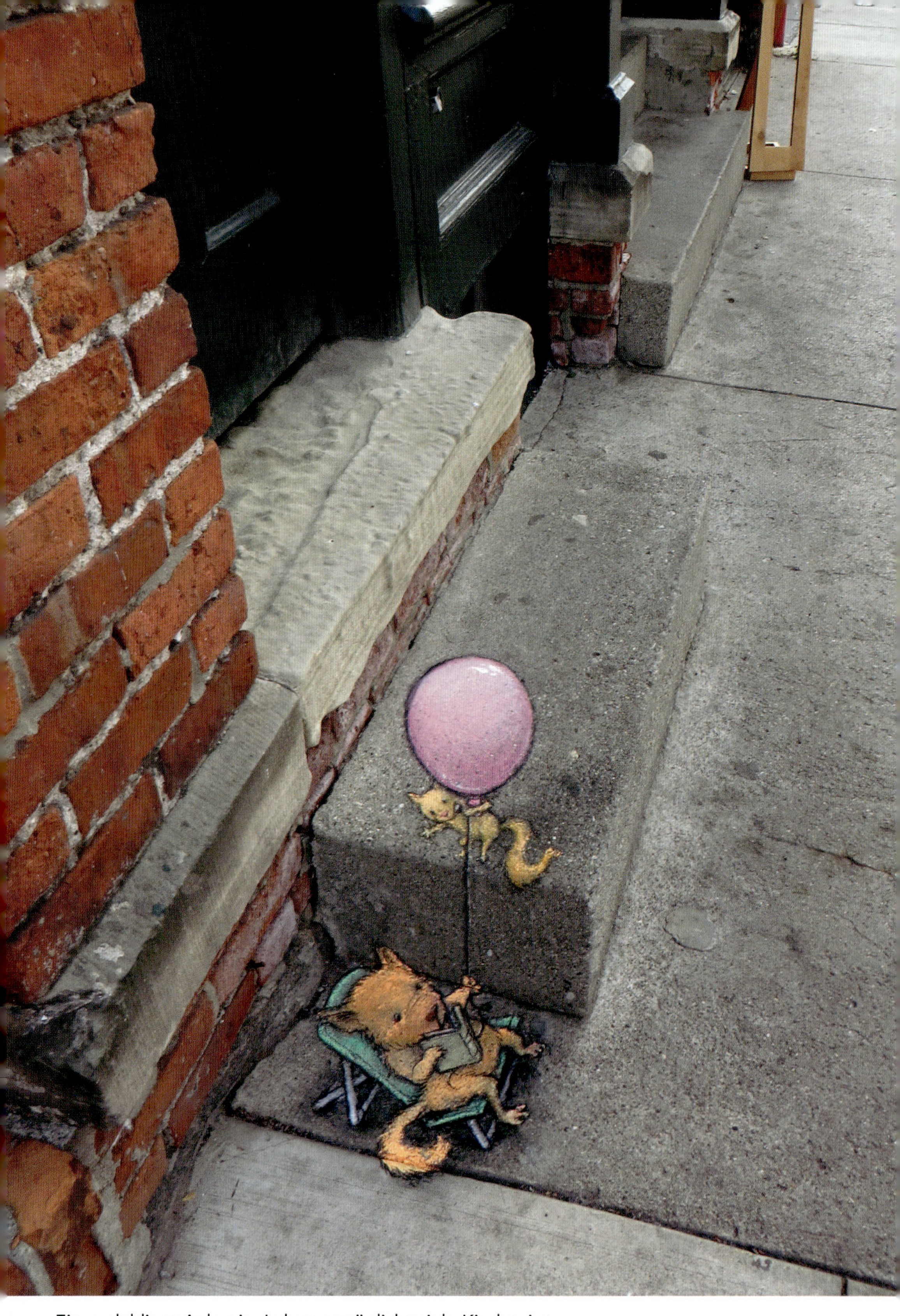

Ein geduldiger Anker im Leben ermöglicht viele Kindereien

DIE HARTNÄCKIGKEIT DER EICHSIER

Ich habe aus einem ganz bestimmten Grund begonnen, Monster zu zeichnen: Echte Tiere sind viel schwieriger zu zeichnen. Bei einem imaginären Geschöpf – besonders einem grünen oder schuppigen – kann man Klauen, Ellbogen und Augen platzieren, wo man will, und niemand wird sagen, man hätte einen Fehler gemacht, oder fragen, ob man etwas anderes habe zeichnen wollen. Wenn ich aber versuche, pelzige Kreaturen zu zeichnen, dann verfehlen sie oft den Status des imaginären Monsters und werden stattdessen zu dem gescheiterten Versuch, ein Eichhörnchen, einen Fuchs und einen Terrier zugleich zu zeichnen. Das ist ziemlich frustrierend.

Manchmal kann ich so tun, als hätte ich einen Wombat beabsichtigt; ein- oder zweimal war die zufällige Ähnlichkeit zu einem Quokka – einfach mal googeln, sie sind echt und sie sind hinreißend – geradezu unheimlich. Ansonsten verwische ich die Spuren meiner nachlässigen Biologiekenntnisse, indem ich sie einfach „Eichsier" nenne.

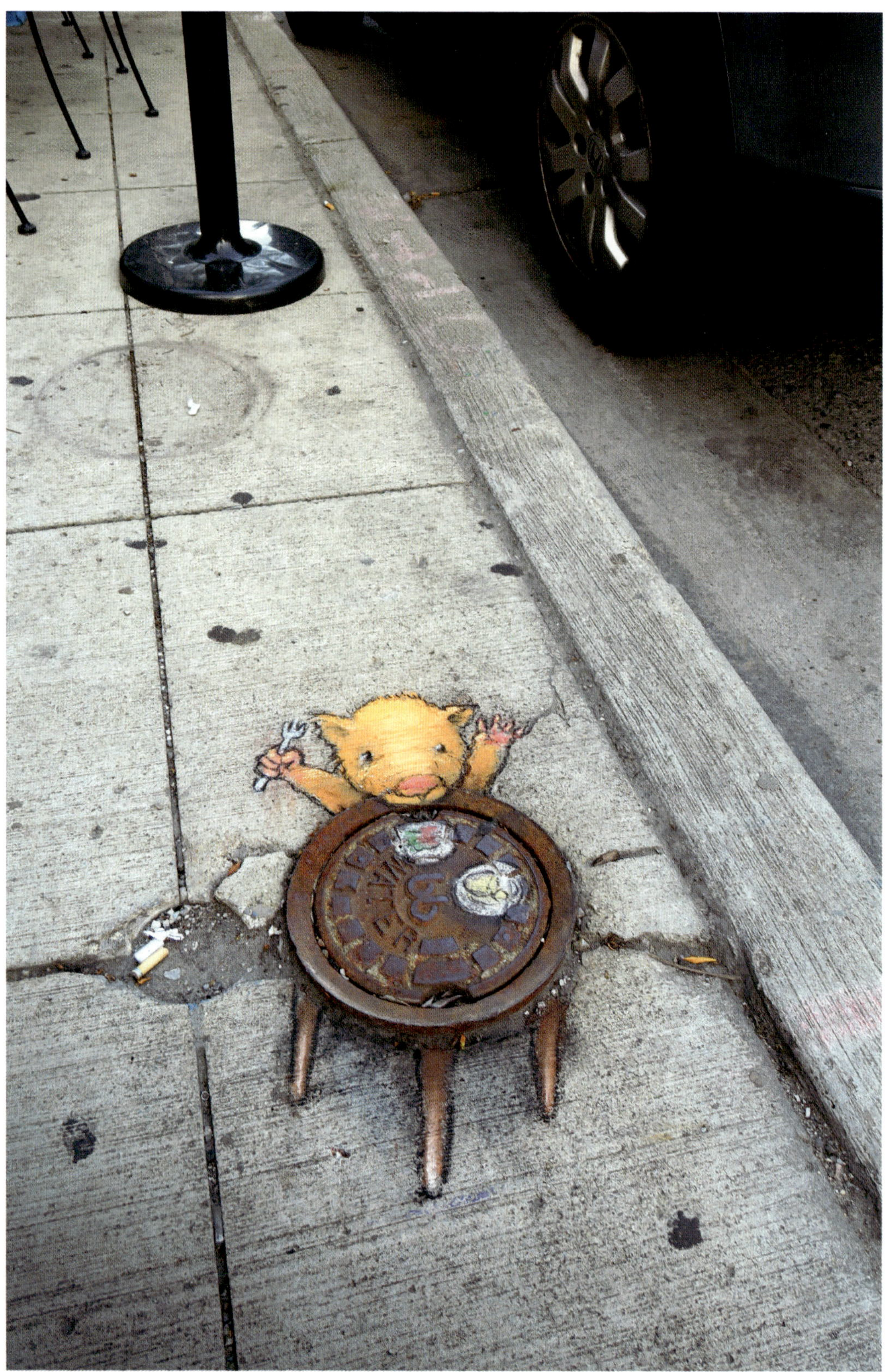

Das Essen im Freien war eine exzellente Erfahrung, auch wenn Hubert es seltsam fand, dass niemand ihm ein Glas Wasser brachte

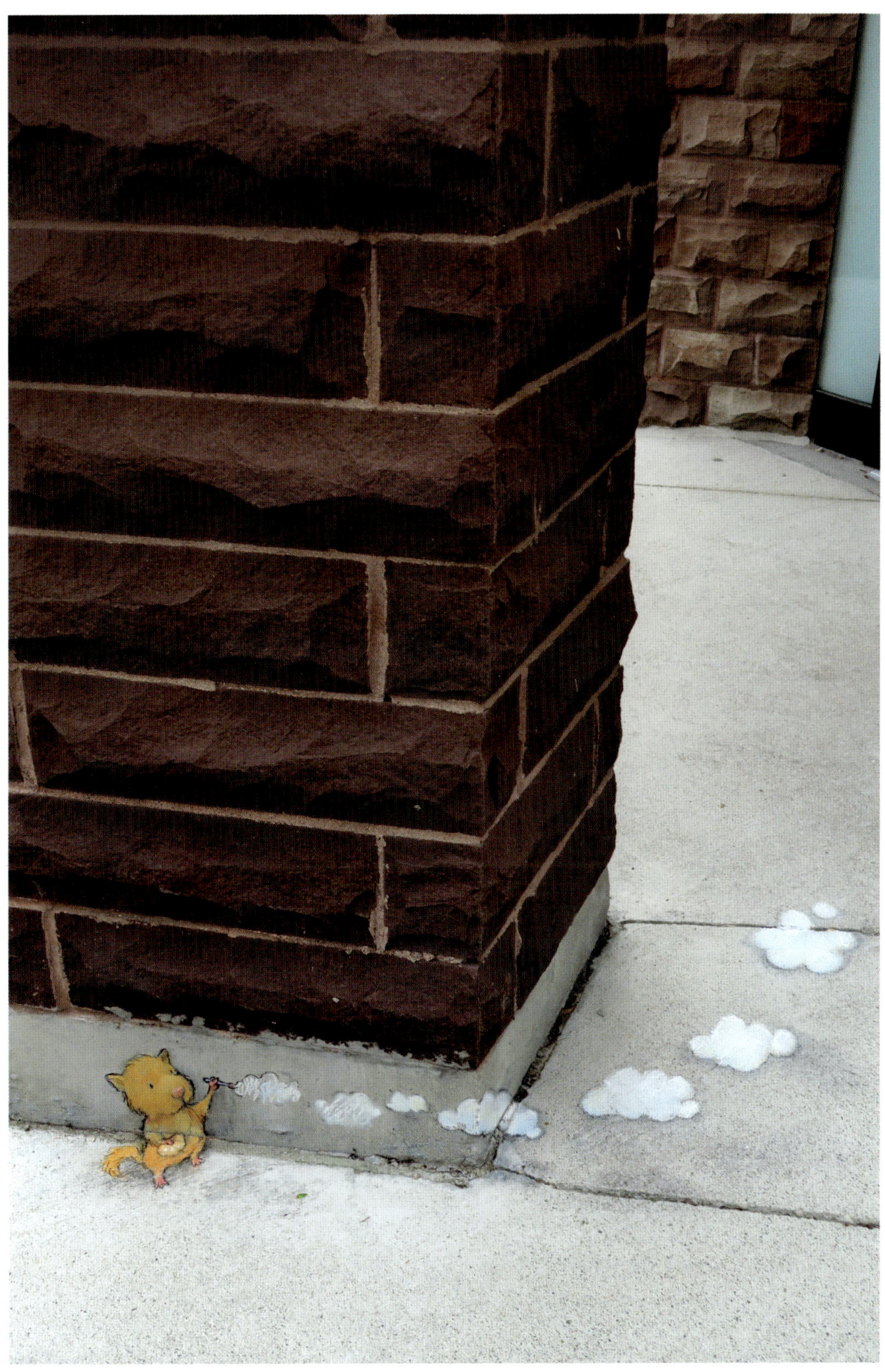

Ich glaube, ich habe den Missetäter gefunden, der hinter den ungewöhnlich wolkenverhangenen Tagen in letzter Zeit steckt

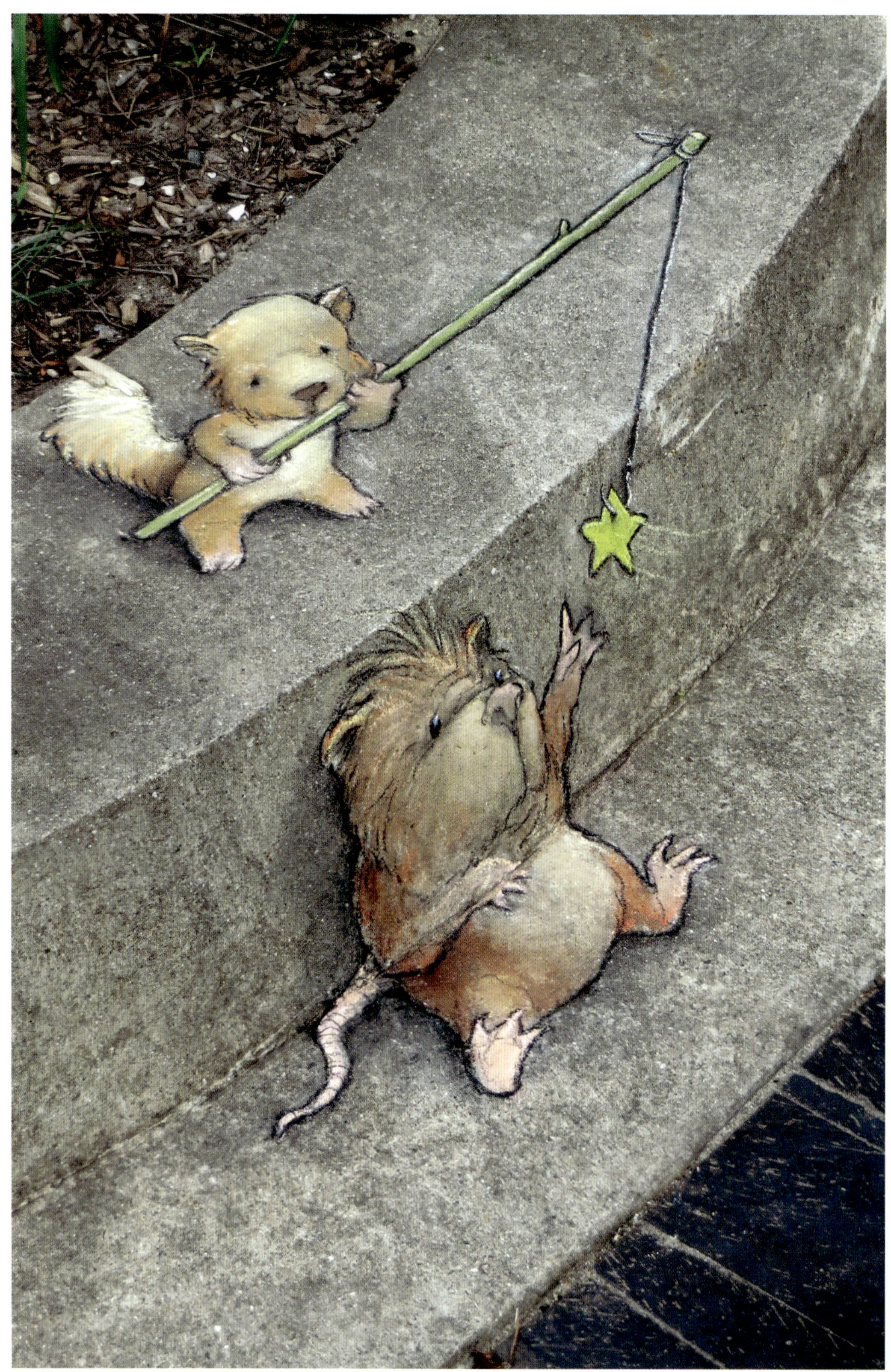

Wenn man nach den Sternen greift, ist es wichtig zu wissen, wo sie hängen

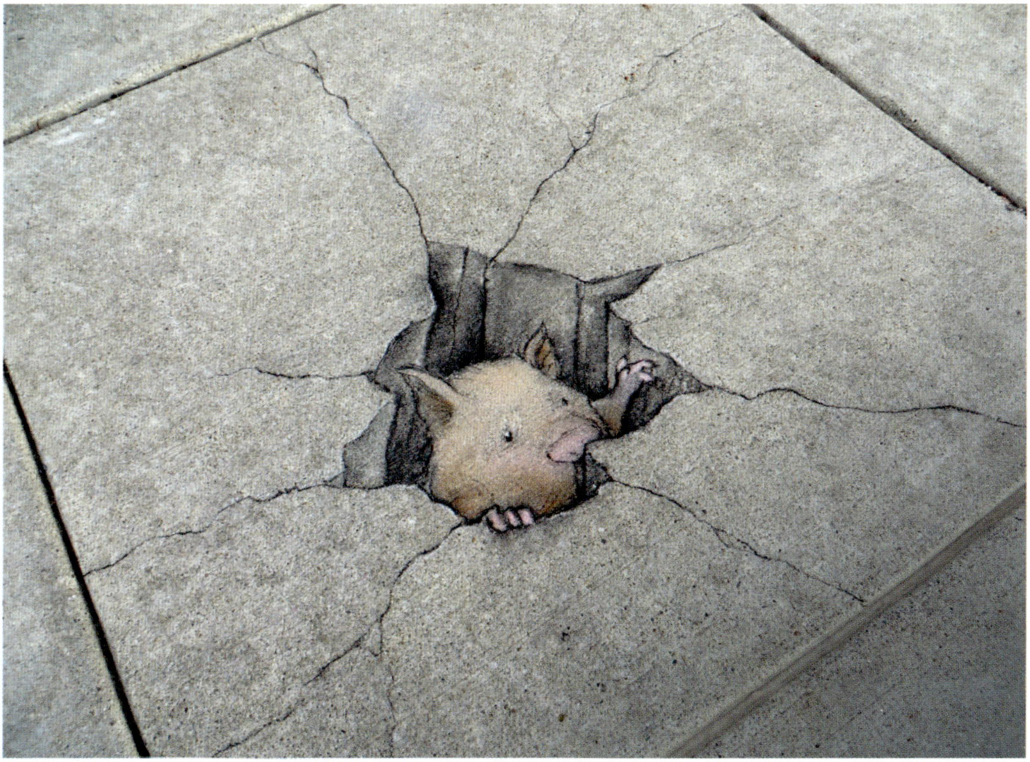

In einem ruhigen Moment denkt Nicolai über die Menge des Schießpulvers für seine Kanone nach … und über einen Helm. Ja, ein Helm wäre nett!

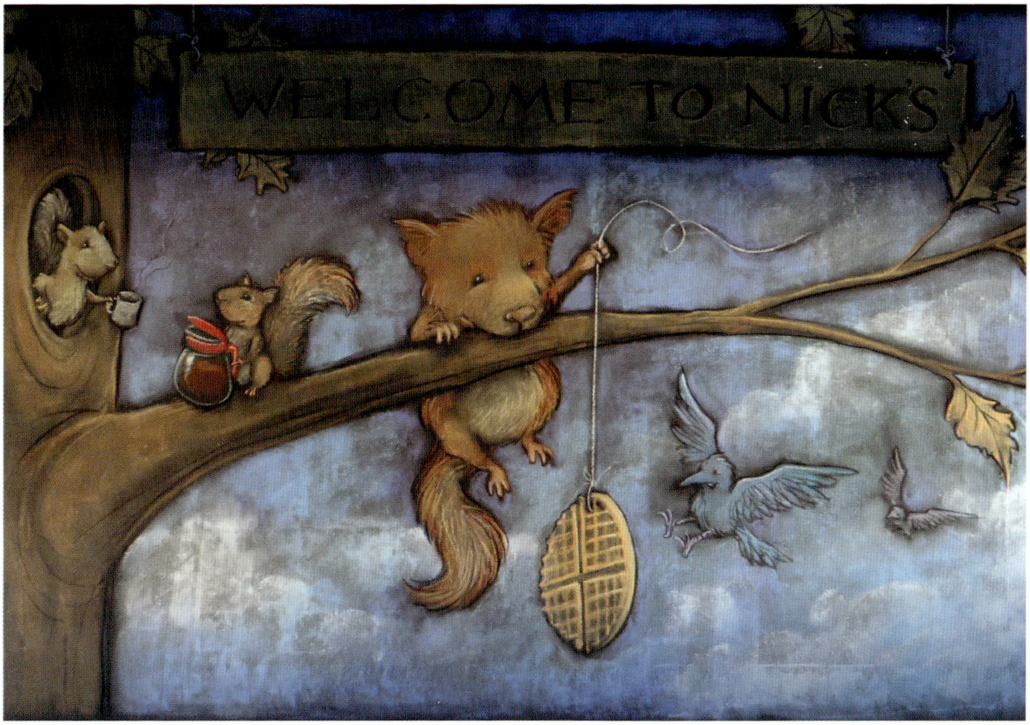

Detail aus „Willkommen bei Nick's" – Kreidekunst auf Tafel

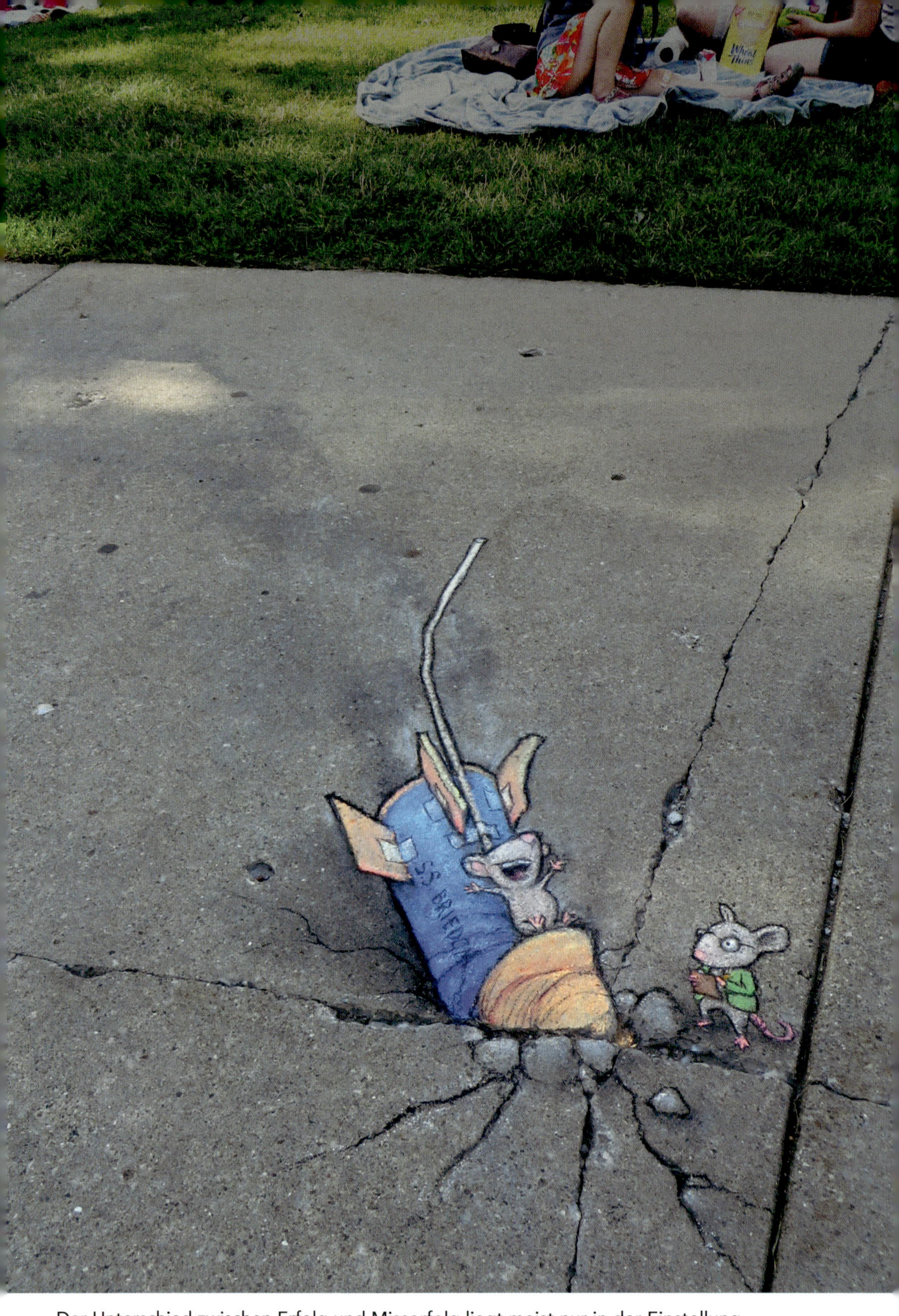

Der Unterschied zwischen Erfolg und Misserfolg liegt meist nur in der Einstellung

GUTE FREUNDE: WENN'S MAL ENG WIRD ...

Das erste Mal zeichnete ich auf einer Mauer, als ich in Philadelphia auf einen Freund wartete und der Versuchung der glatten, ordentlich strukturierten und so leicht zu erreichenden Oberfläche nicht widerstehen konnte. Allerdings bietet ein einzelner Ziegelstein nicht sonderlich viel Platz zum Zeichnen, und so hatte ich nur genug Raum, um ein einzelnes Auge zu zeigen, das aus der unechten Dunkelheit spähte. Ich gab meiner Installation den unausstehlich gekünstelten Titel „Bei der Liebe Gottes, Montresor!", stellte es online und erfuhr das größte Kompliment meiner künstlerischen Laufbahn, als mein eigener Bruder zugab, dass er fest angenommen hatte, ich hätte das Auge auf die Wand hinter einem tatsächlich fehlenden Ziegelstein gezeichnet.

Später, als ich versuchte, Sluggo in meine Ziegel-Exkursionen zu integrieren, musste ich feststellen, dass seine Augen eher ungeeignet dafür waren. Sie ragten ungünstig in den umliegenden Mörtel und büßten bei solch kleinem Maßstab ihren naiven Charme ein. Und so wurden die Mäuse wieder einmal zu meinen Rettern: klein, knopfäugig und wie dafür geschaffen, aus Lücken in Mauern zu schielen.

Diese Zweckmäßigkeit für enge Stellen (und knappe Zeichenmöglichkeiten) resultierte schließlich in einer Mäuse-Übernahme meines Portfolios; gemessen an den Stückzahlen treffe ich dort derzeit mehr Mäuse an als fliegende Schweine, sogar mehr als Sluggo – und all das, obwohl ich nicht mal wirklich weiß, wie man Mäuse eigentlich zeichnet. Sie fangen an der Nasenspitze immer ganz gut an, werden aber auf dem Weg nach unten immer weniger mäuseartig. Zum Glück habe ich festgestellt, dass die Leute, ähnlich wie bei Schweinen, die Nase am ehesten wahrnehmen und auf den Rest nicht so genau achten.

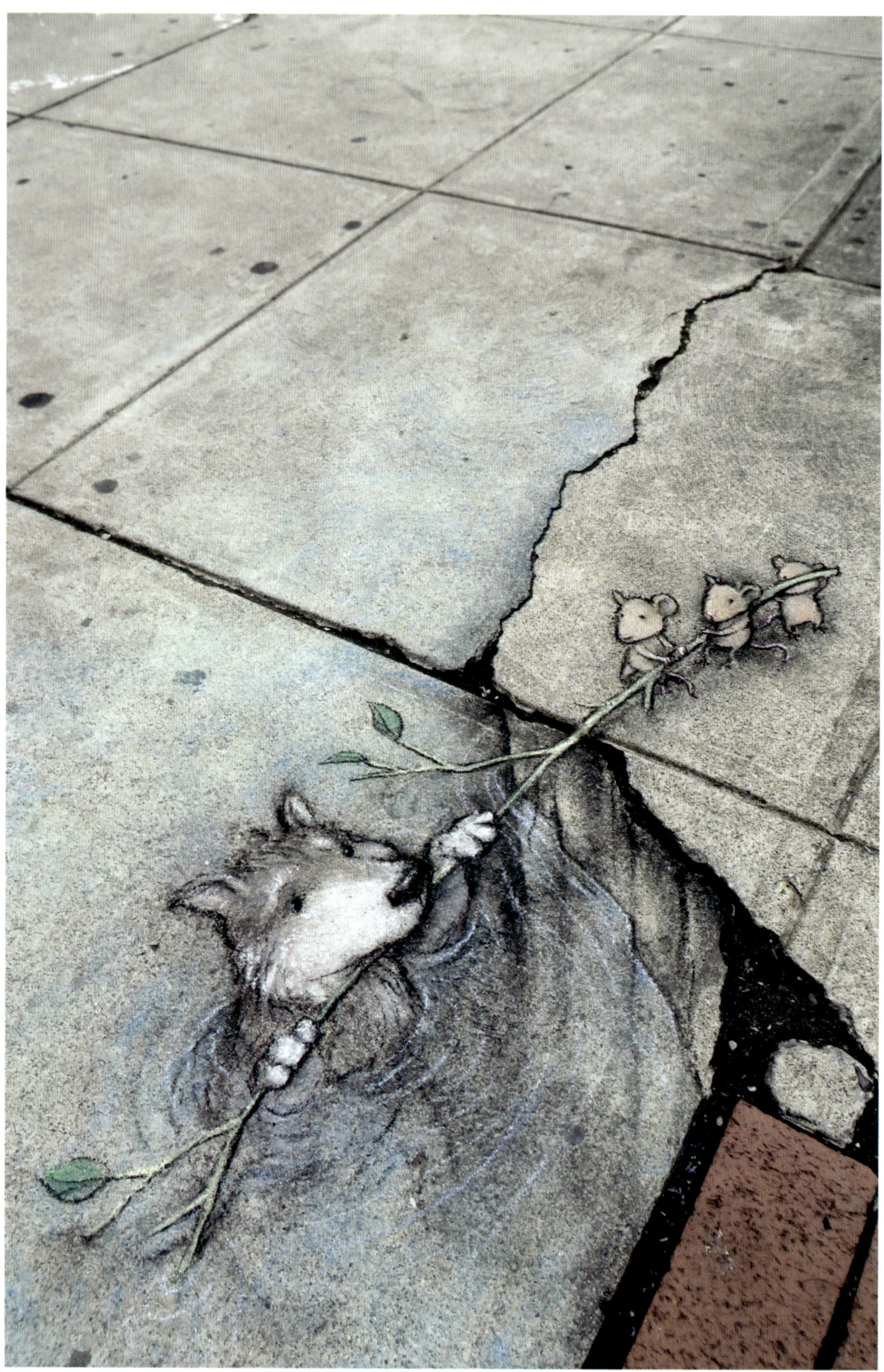

Meine Antwort auf Überschwemmungen in Serbien. Der Grauwolf ist dort eines der Nationaltiere. Die Mäuse waren meine Idee, deswegen kann ich sie auch nicht erklären.

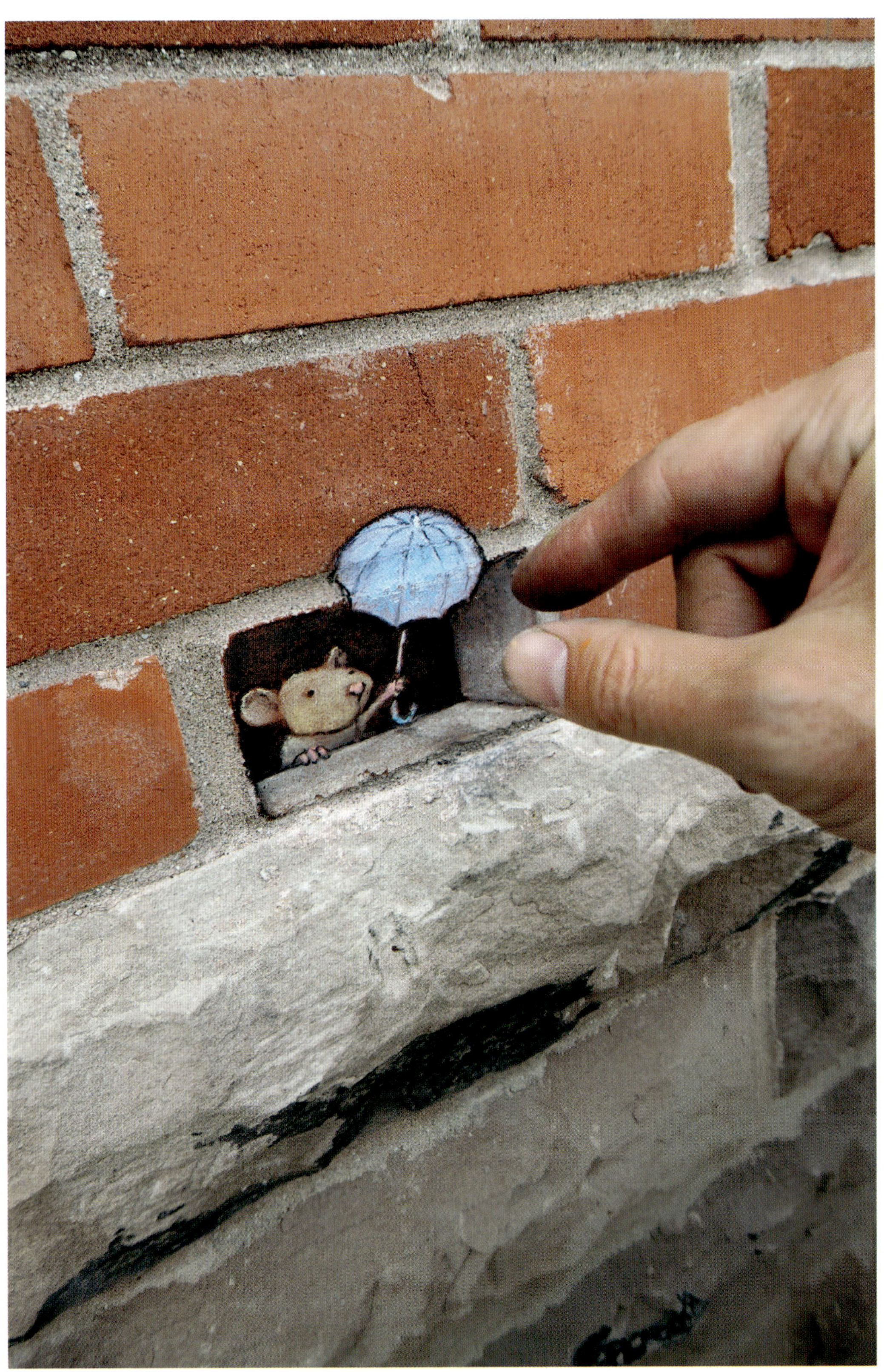

Manchmal zählt allein der Gedanke

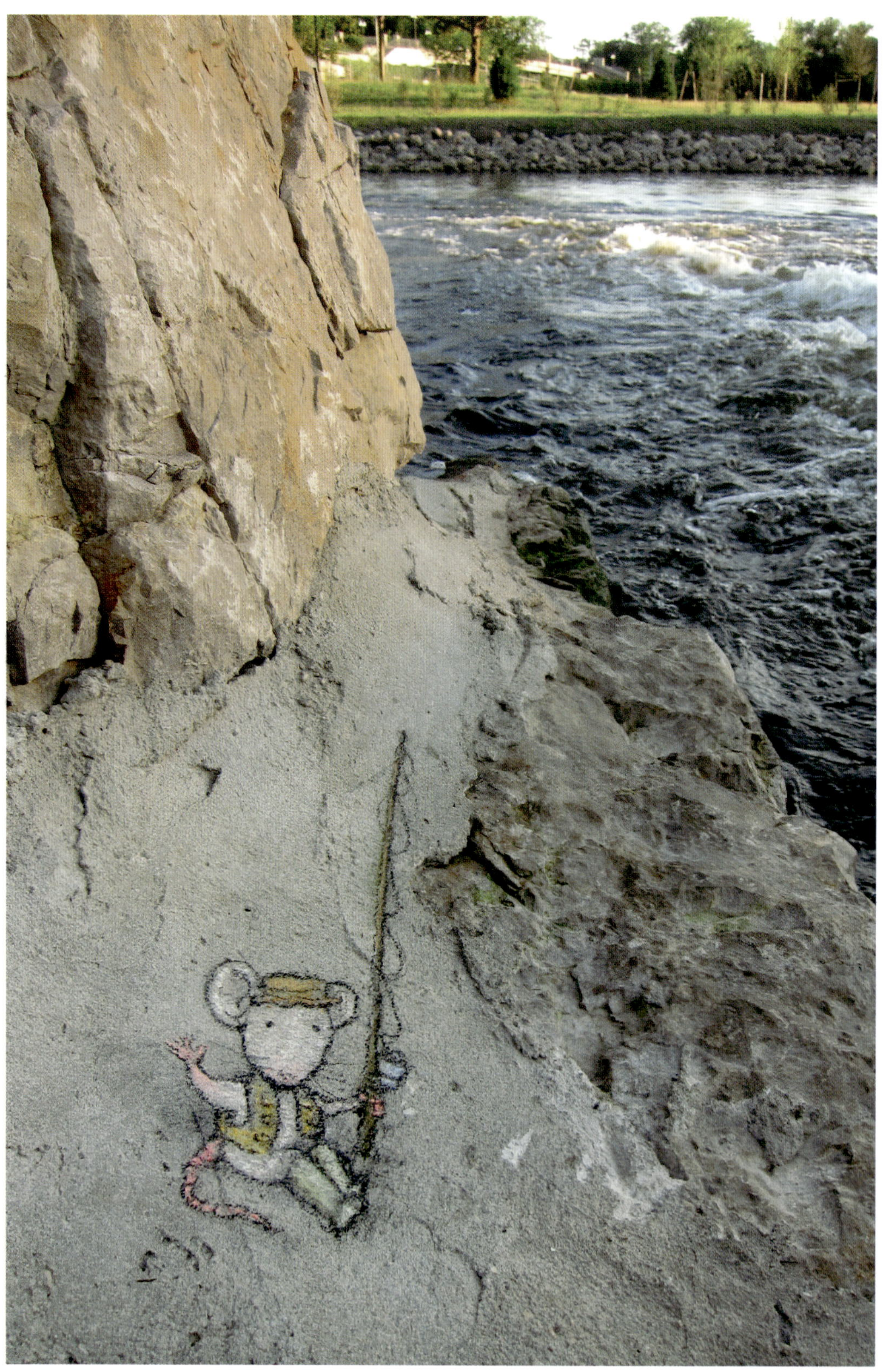

Ein wenig Angeln am Argosee

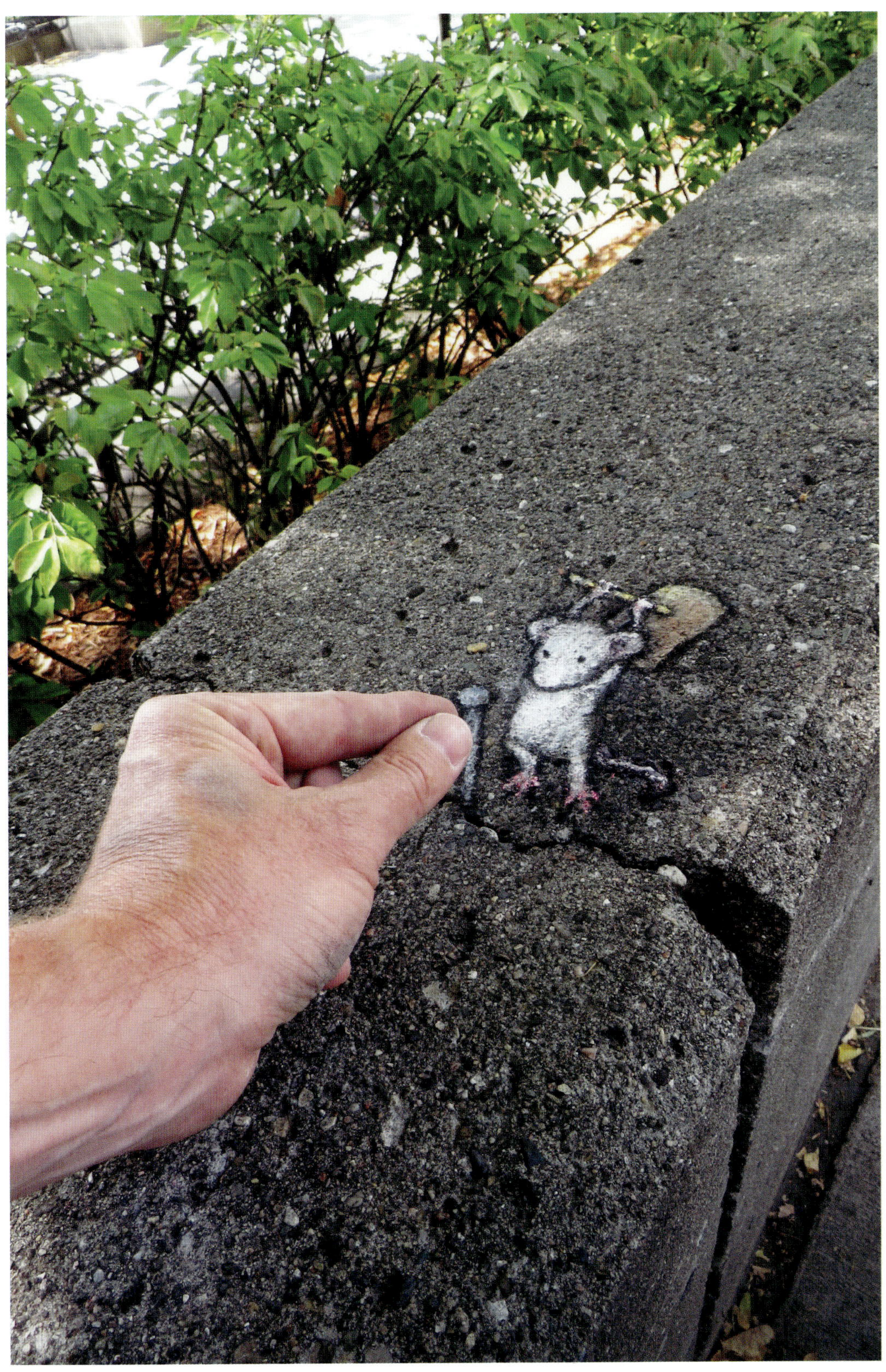

Mit genügend Zeit und Unterstützung gibt es nichts, was kleine Hämmer nicht kleinkriegen

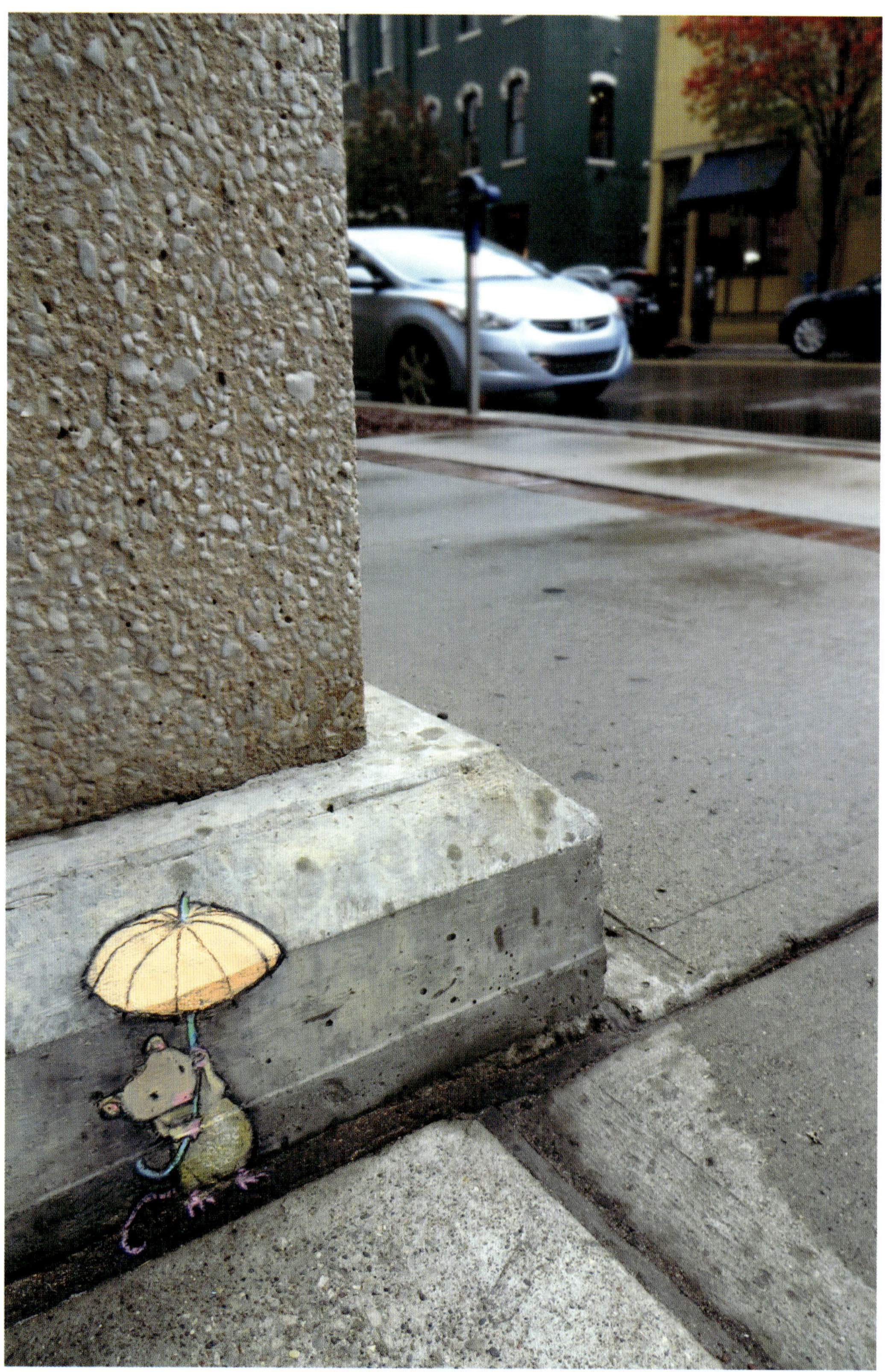

Ein Regentag, da beißt die Maus keinen Faden ab

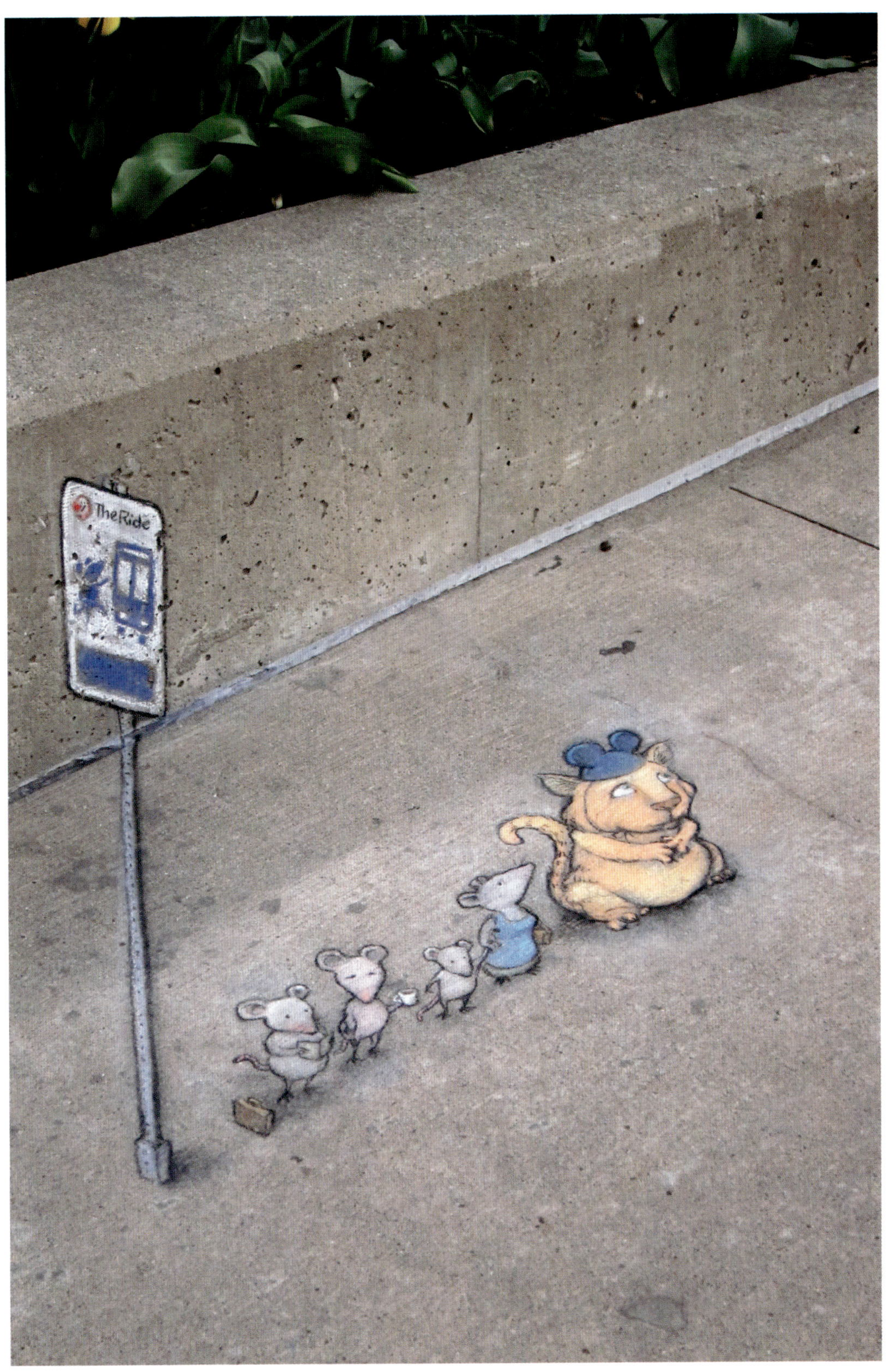

Fahren Sie mit dem Bus! Sie werden sich wundern, wen man so alles trifft.

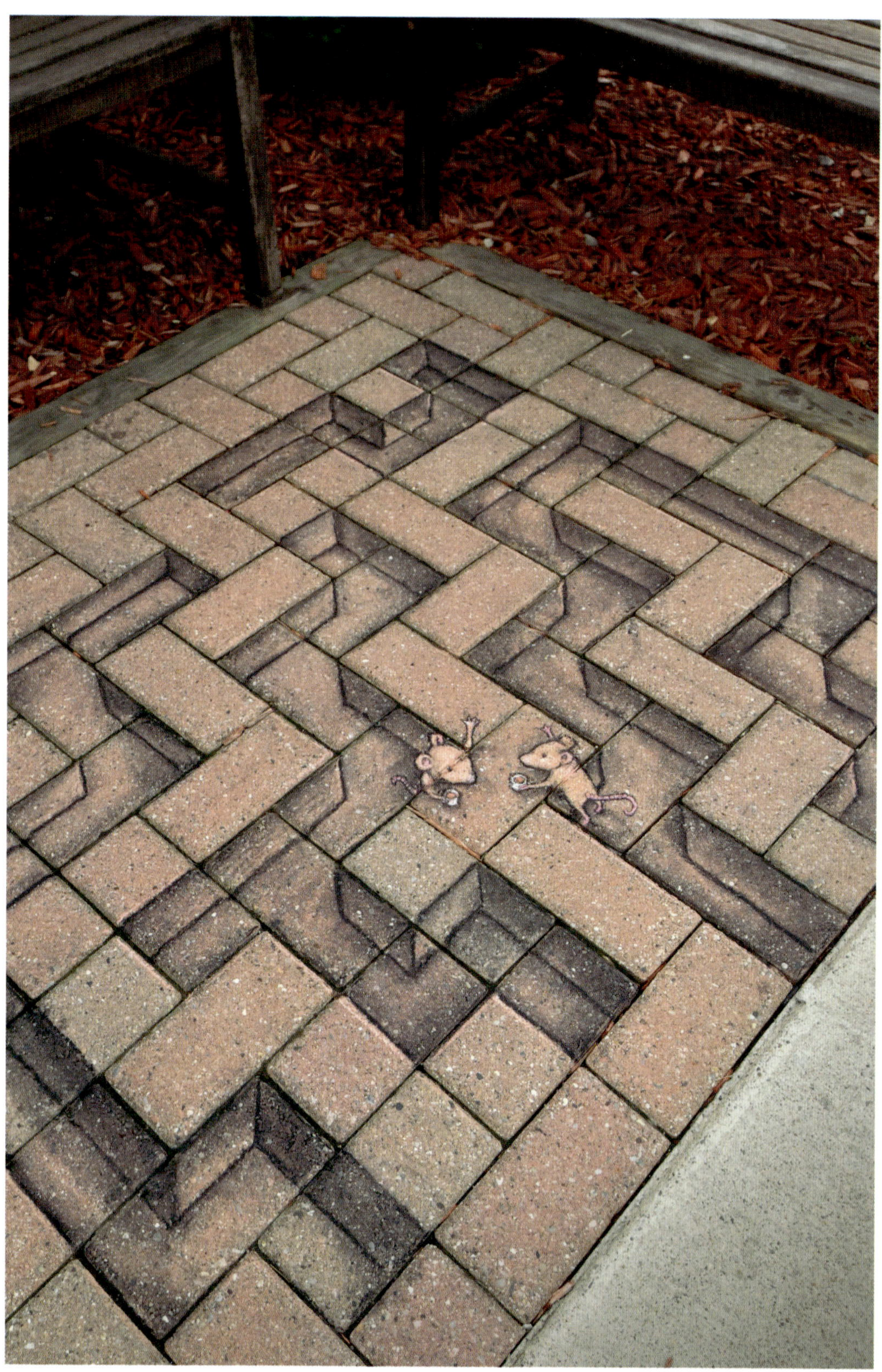

Kaffeepause beim Rattenrennen (aus der Sammlung „Zeitvertreib beim Ölwechsel")

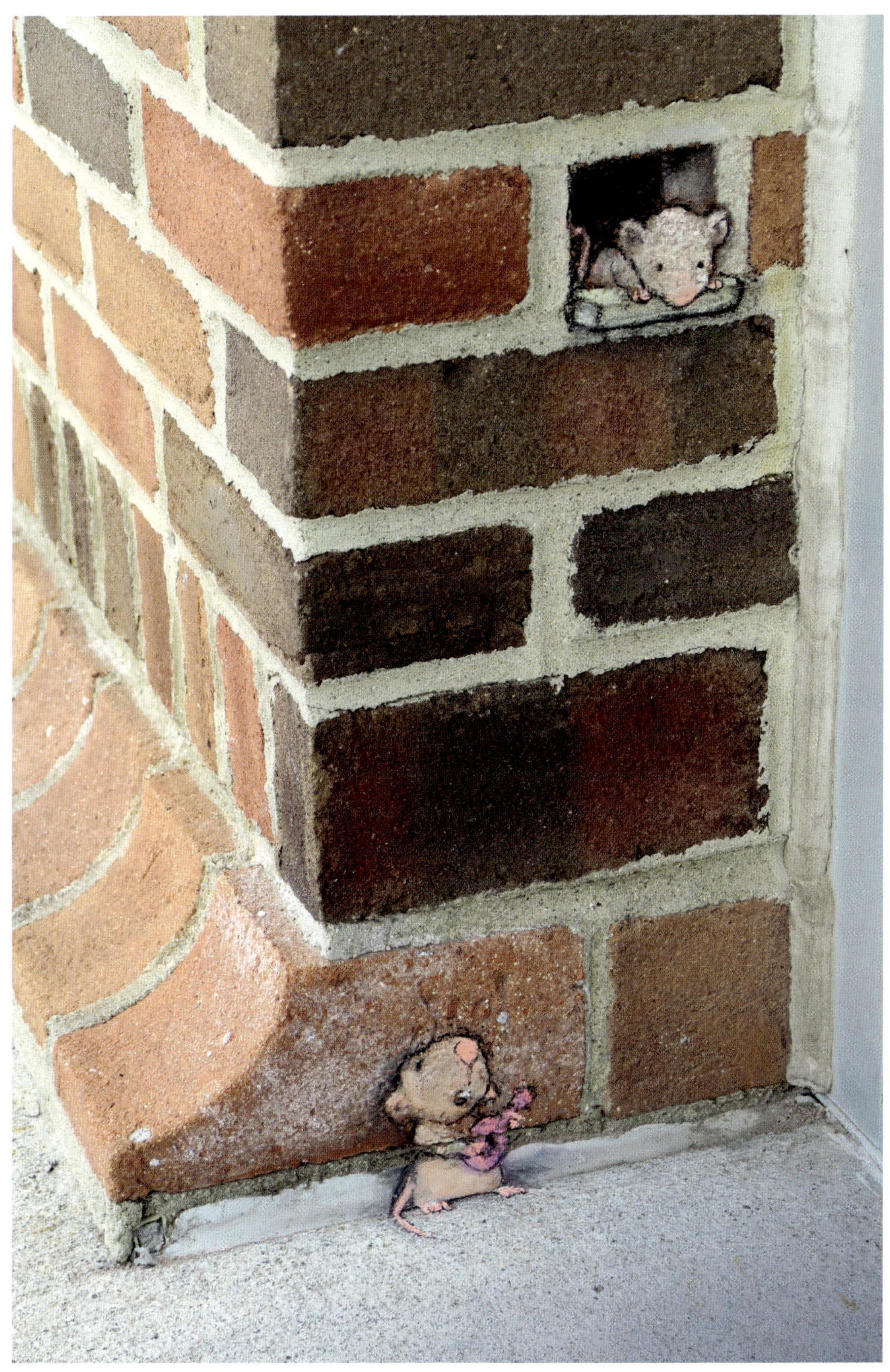

Ein Ständchen in Dayton

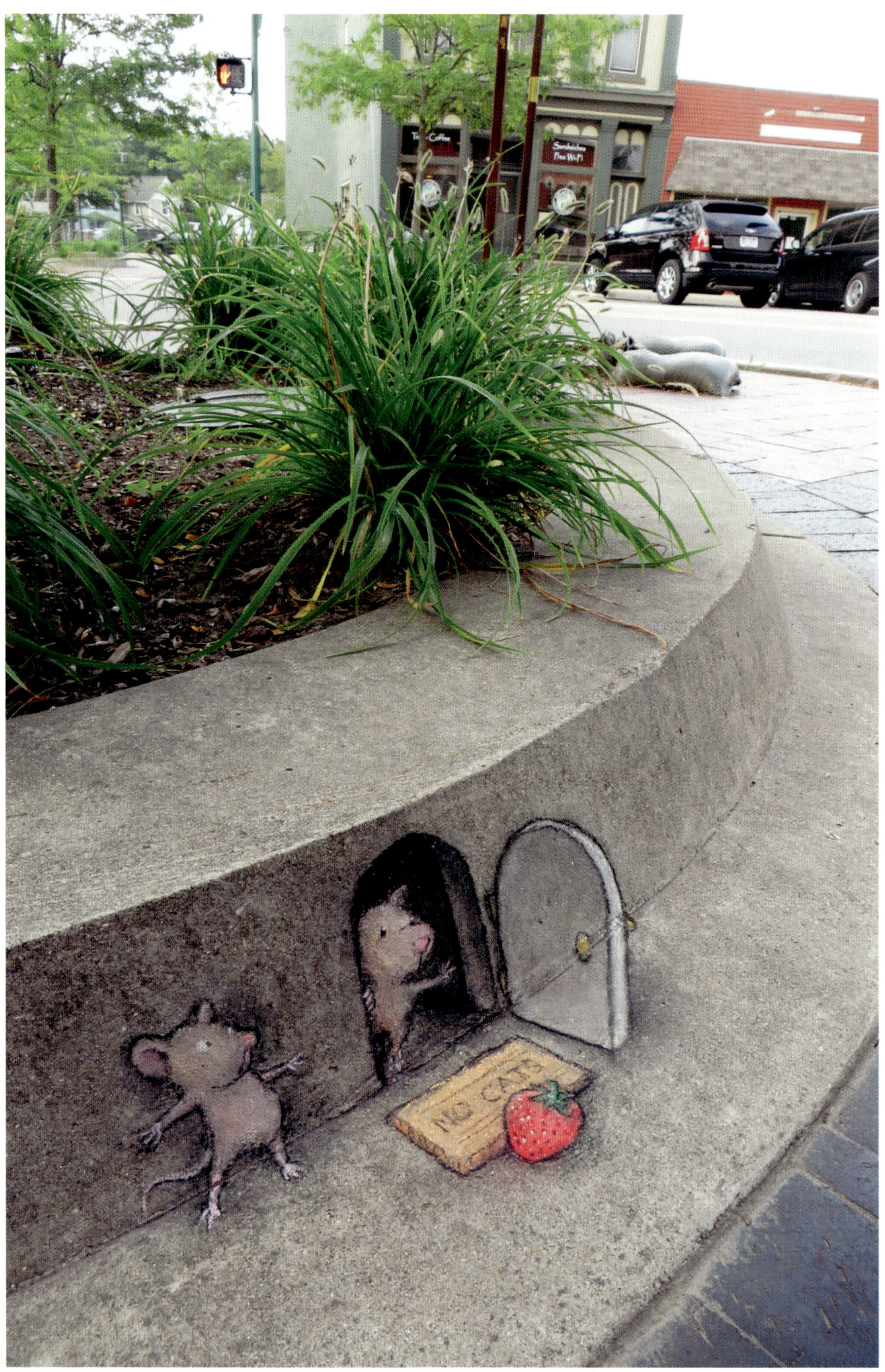

Ein heimlicher Verehrer

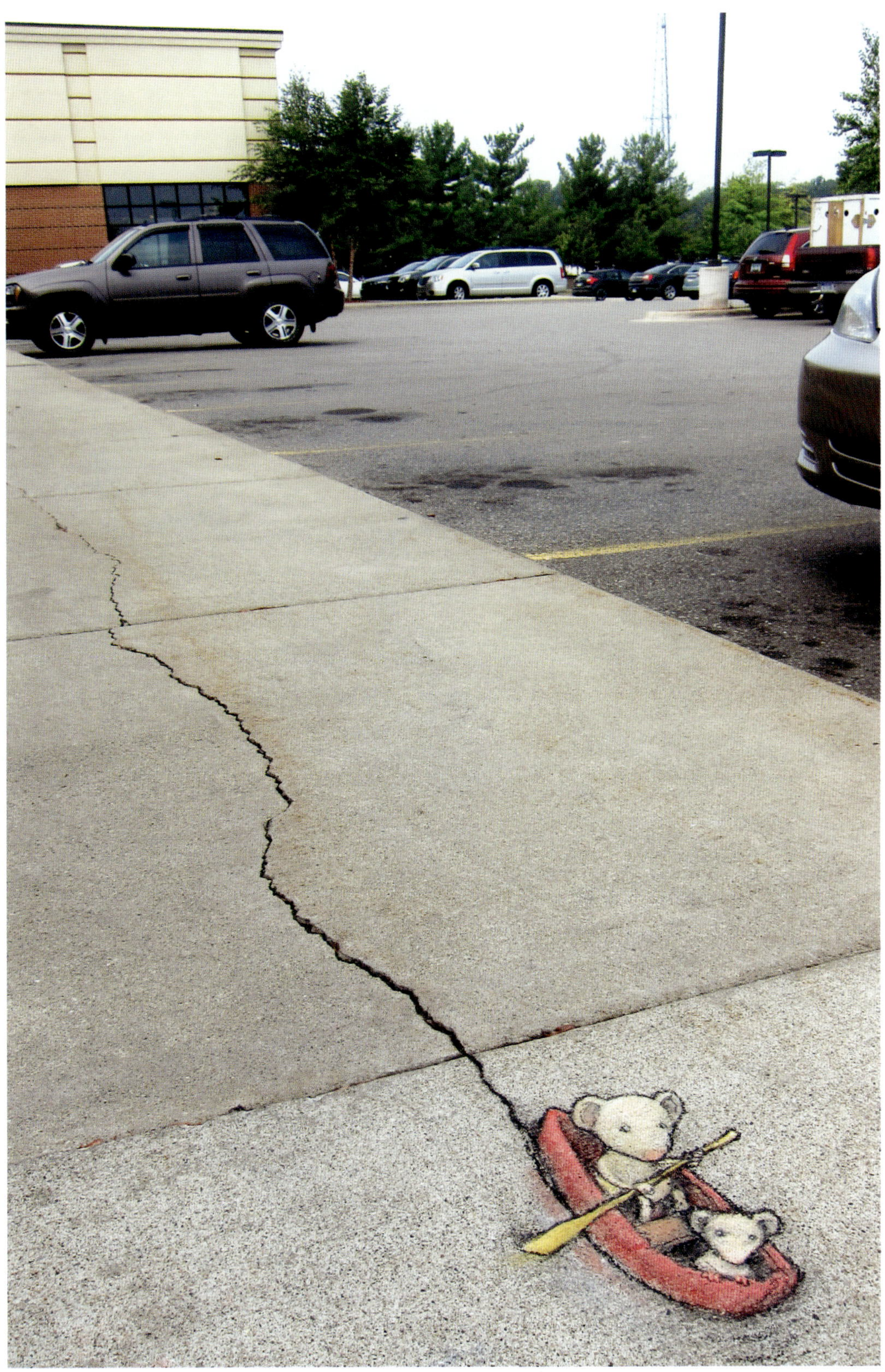

Auch wenn man sie selten verdächtigt, wird eine erstaunlich hohe Zahl an rissigen Fußwegen von sogenannten Kielratten verursacht

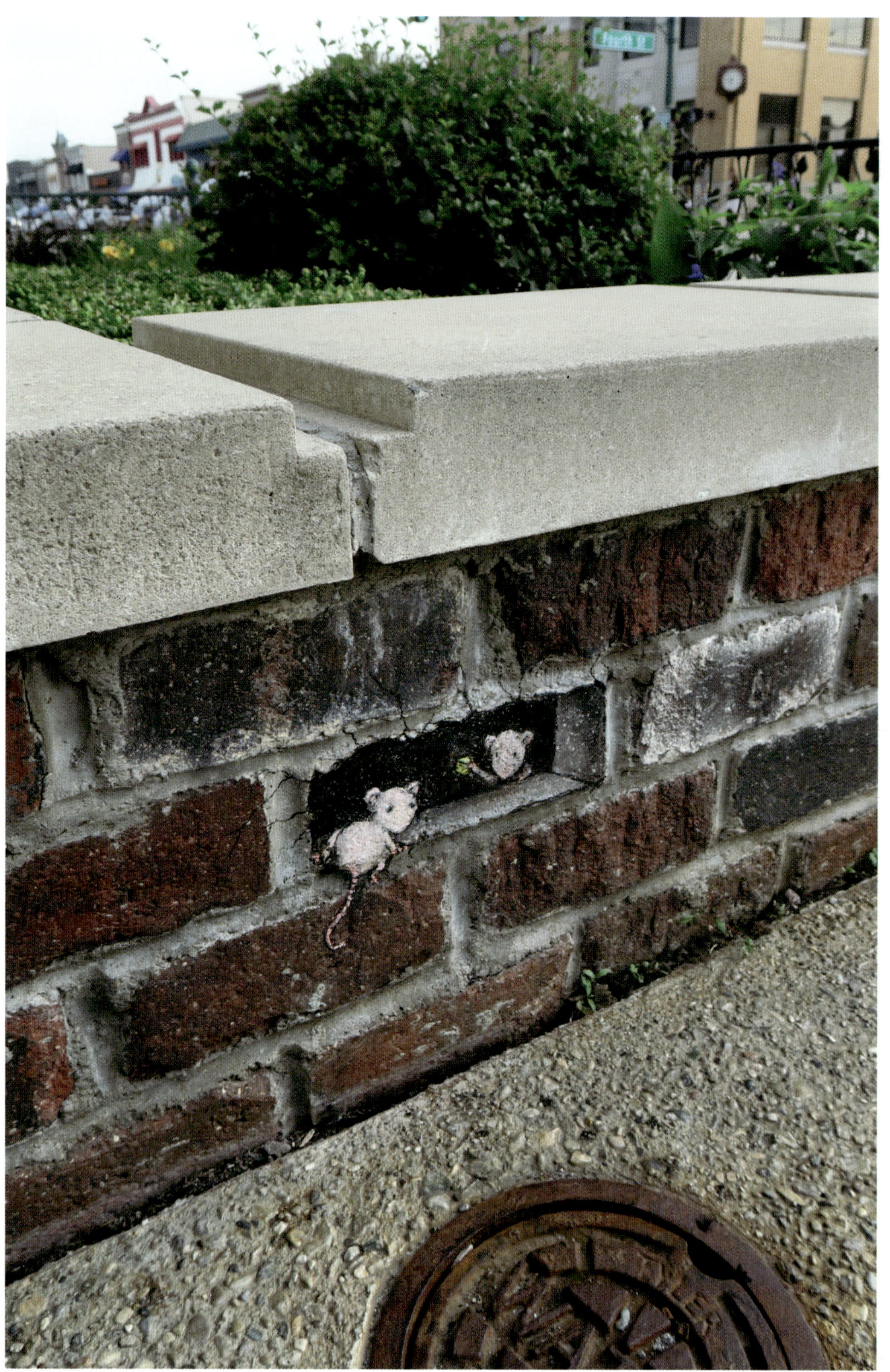

Happy Hour an der Rochester-Käsetheke, Main Street Nr. 402 ¼

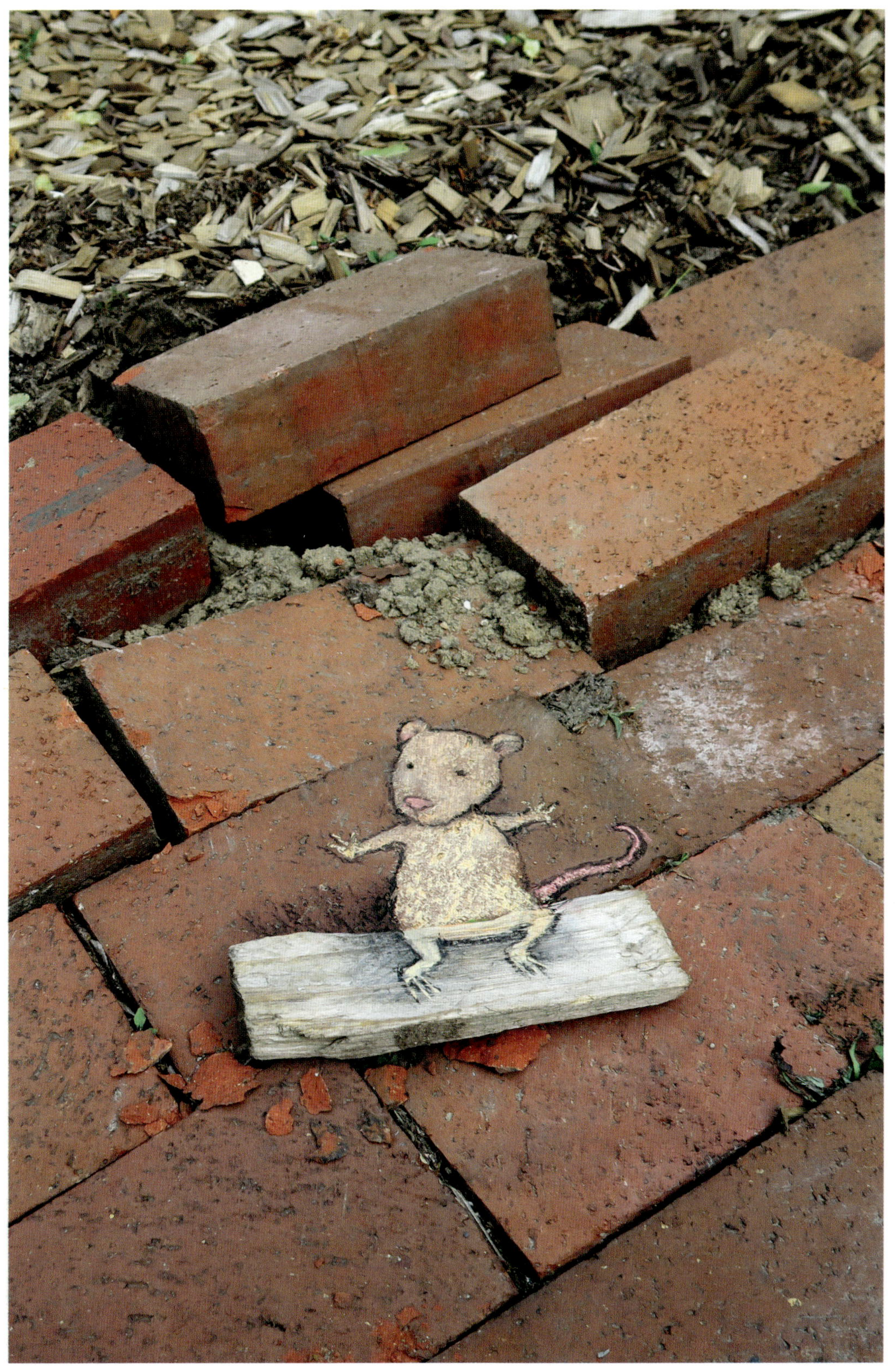

Dellenreiten

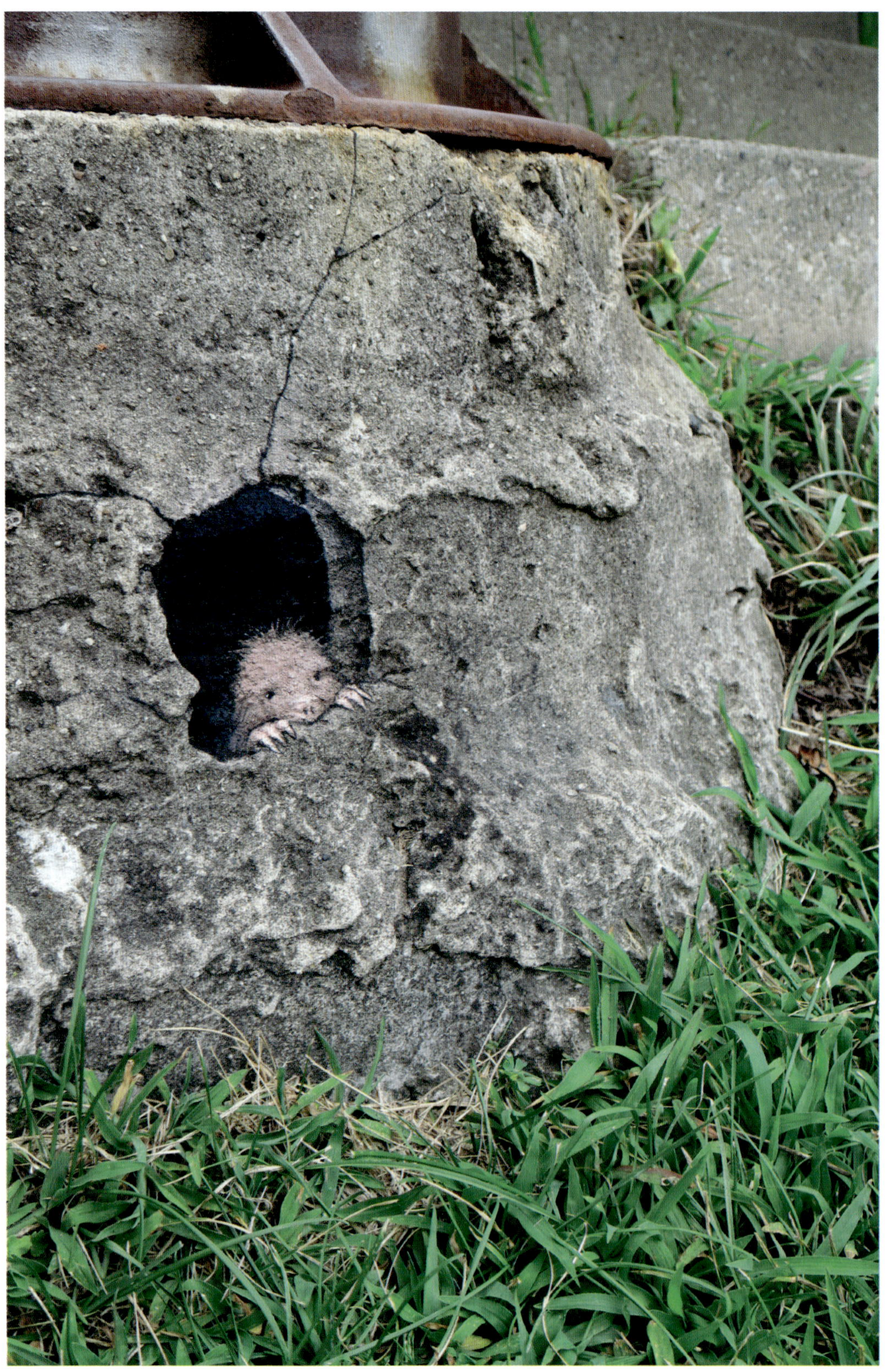

Konstanze musste sich stets daran erinnern, dass dies für einen Maulwurf schon als spektakuläre Aussicht zählte

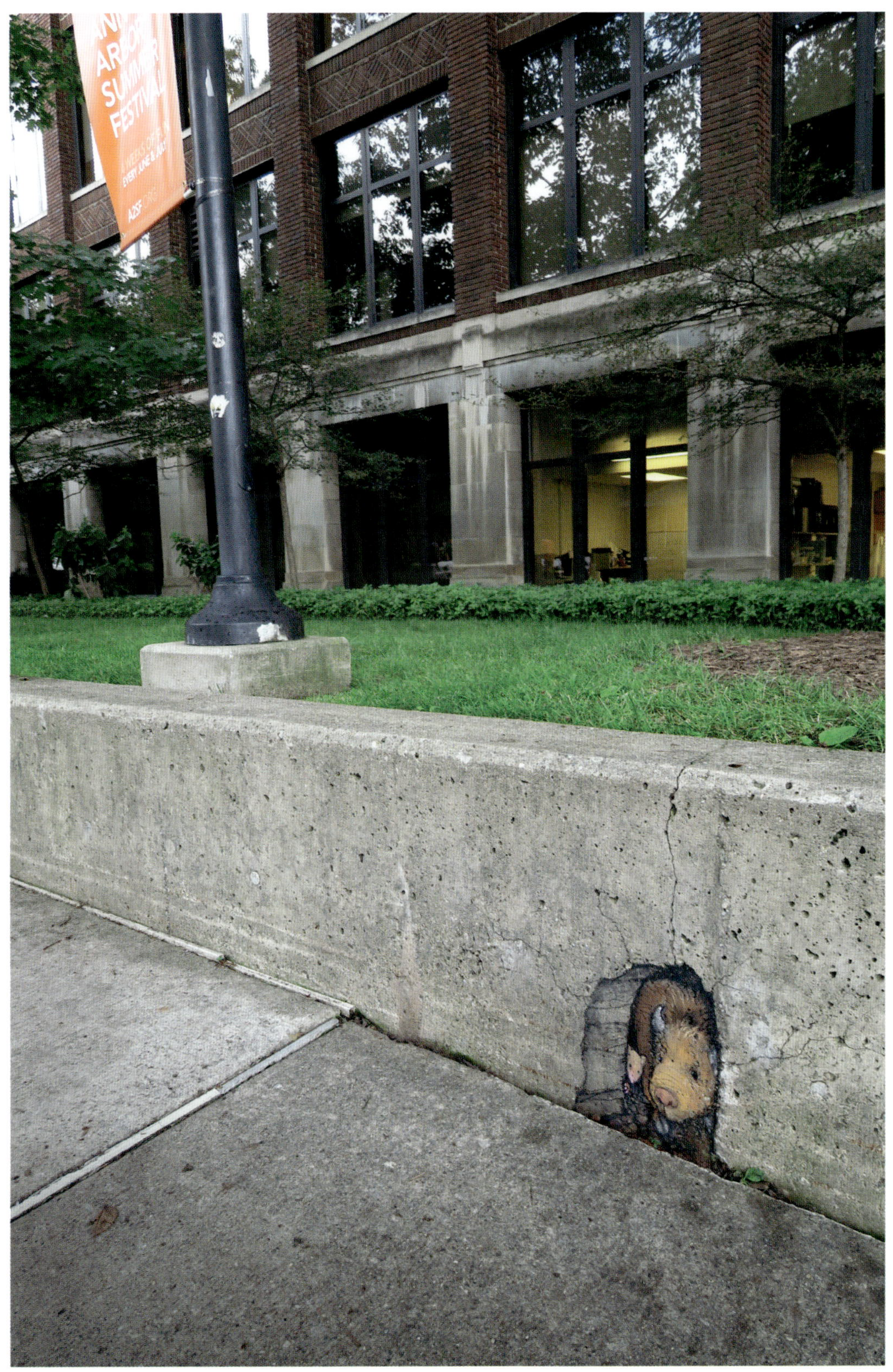

Vorsicht ist für Mäuse und Minibüffel gleichermaßen von äußerster Wichtigkeit

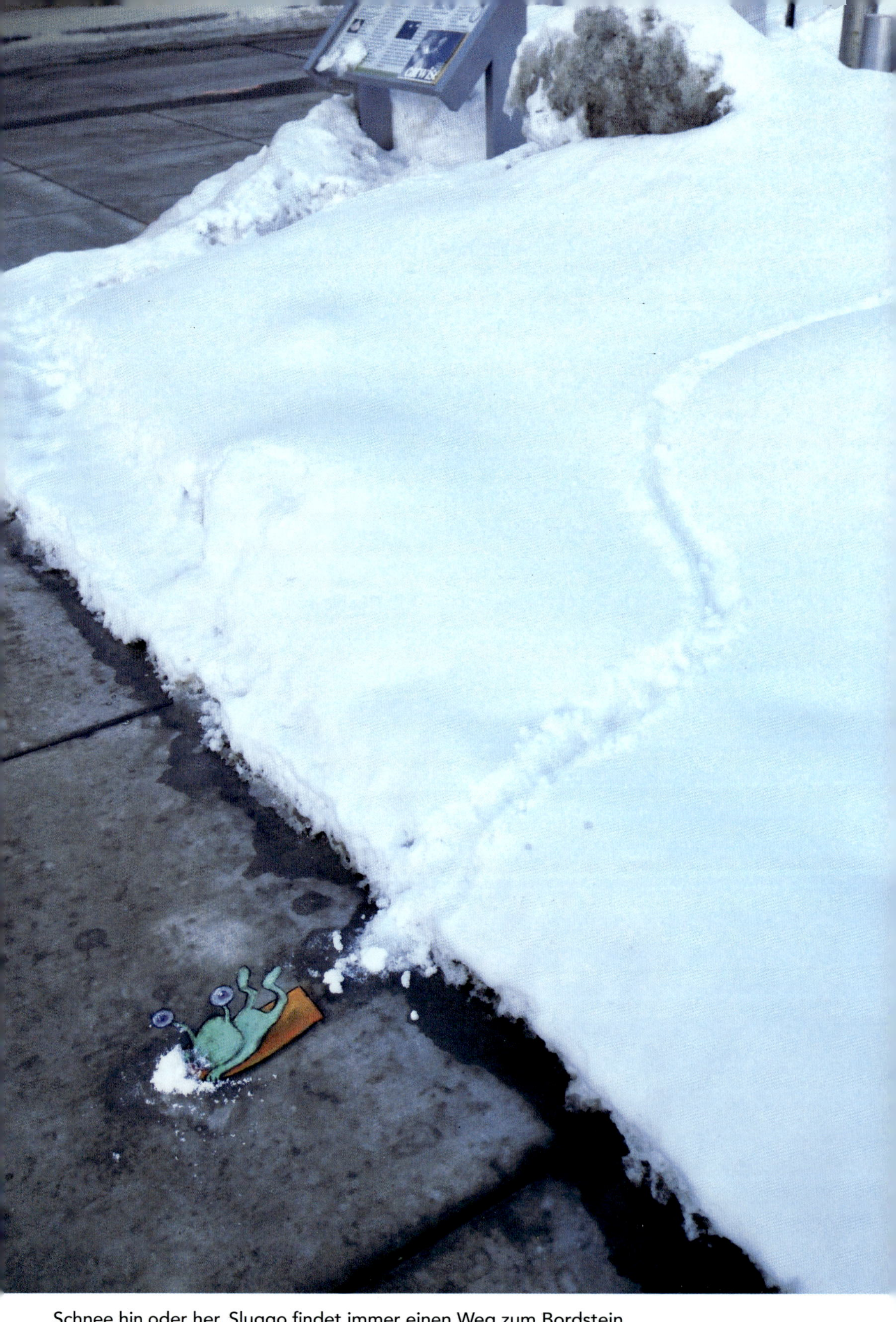

Schnee hin oder her, Sluggo findet immer einen Weg zum Bordstein

SLUGGO IM WINTERWUNDERLAND

Man könnte meinen, Michigan ist eine schlechte Wahl als Heimat für einen Künstler, der zumeist im Freien arbeitet: Die Winter sind kalt, lang und verschneit, und die Sommer wiegen dies mit glühender, schwüler Hitze wieder auf. Allerdings war es der Umstand, dass sich Temperaturen um die einundzwanzig Grad in Ann Arbor selten lange halten, der mir einen Grund gab, meine häuslichen Pflichten zu ignorieren und auf dem Gehweg zu zeichnen. Ich glaube, dass ein sonniger Tag, den man drinnen verbringt, für einen zusätzlichen Tag mit Graupelwetter im Februar sorgt. Also: Wenn der Himmel blau ist, packe ich die Kreidebox aus.

Unglücklicherweise habe ich dabei etwas unterschätzt. Ich habe meine Kreidefreunde so liebgewonnen, dass es mir denkbar schwerfiel, mich von Oktober bis Mai von ihnen zu trennen, und meine Rechtfertigungen haben sich daher über: „Es ist ein schöner Tag, ich sollte rausgehen und zeichnen", hinaus entwickelt und lauten mittlerweile: „Es ist grässliches Wetter, aber davon werde ich mich doch nicht unterkriegen lassen."

Ich behaupte nicht, dass das Zeichnen in der Kälte so viel Spaß macht und so dankbar ist wie im Sommer. Man ist immer eingeschränkt durch steif gefrorene Finger, Streusalz und Fußgänger mit matschigen Schuhen. Dennoch schlagen sich meine Freunde in dieser feindseligen Umgebung recht gut, und ich hoffe, dass sie die Menschen so noch viel mehr überraschen. Wer den Winter in Michigan überstehen will, muss für Überraschungen offen sein.

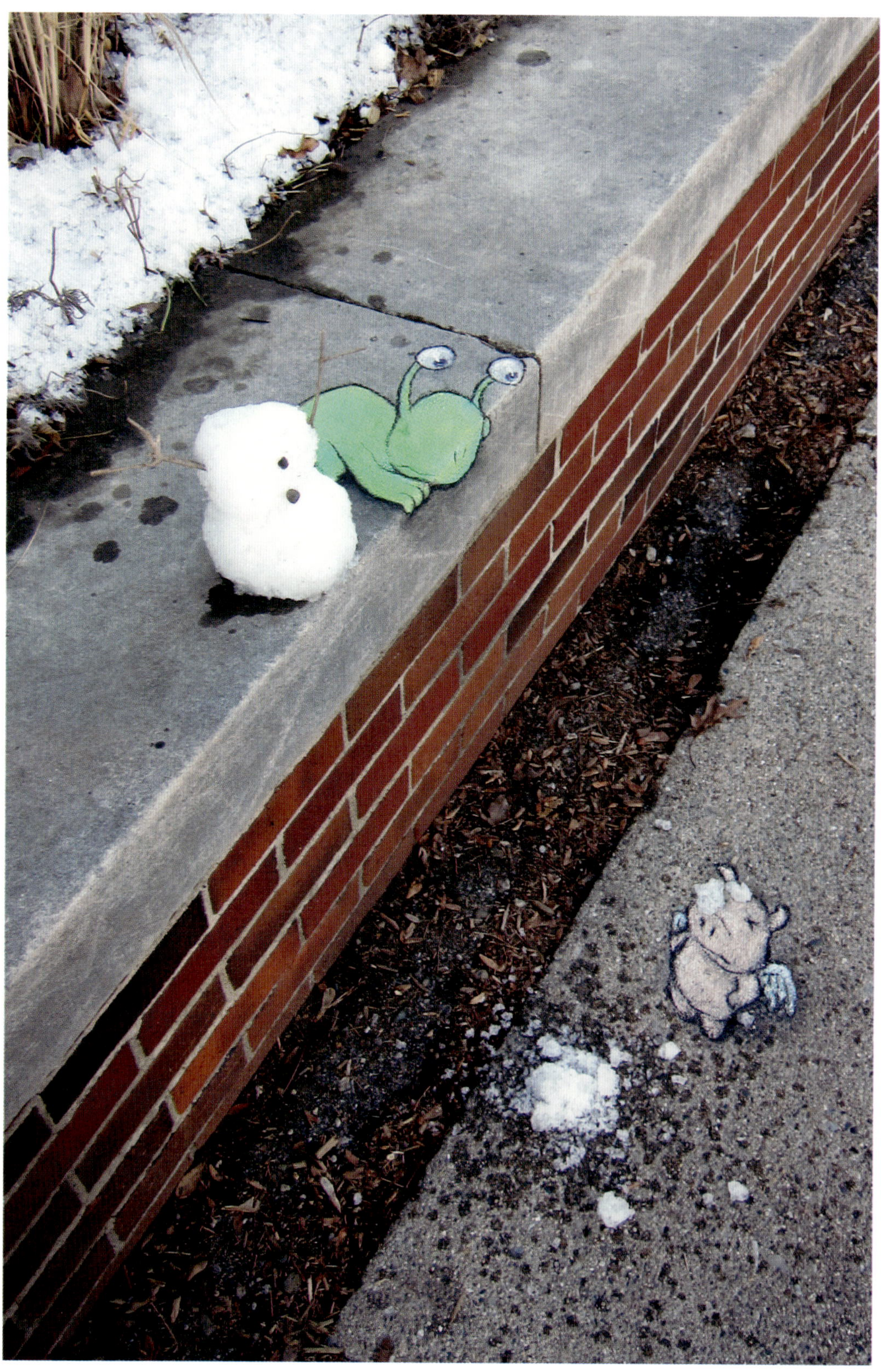

Die drei wichtigsten Bestandteile in der Schneemann-Konstruktion sind Standort, Standort und verlässliche Kopf-Haltung

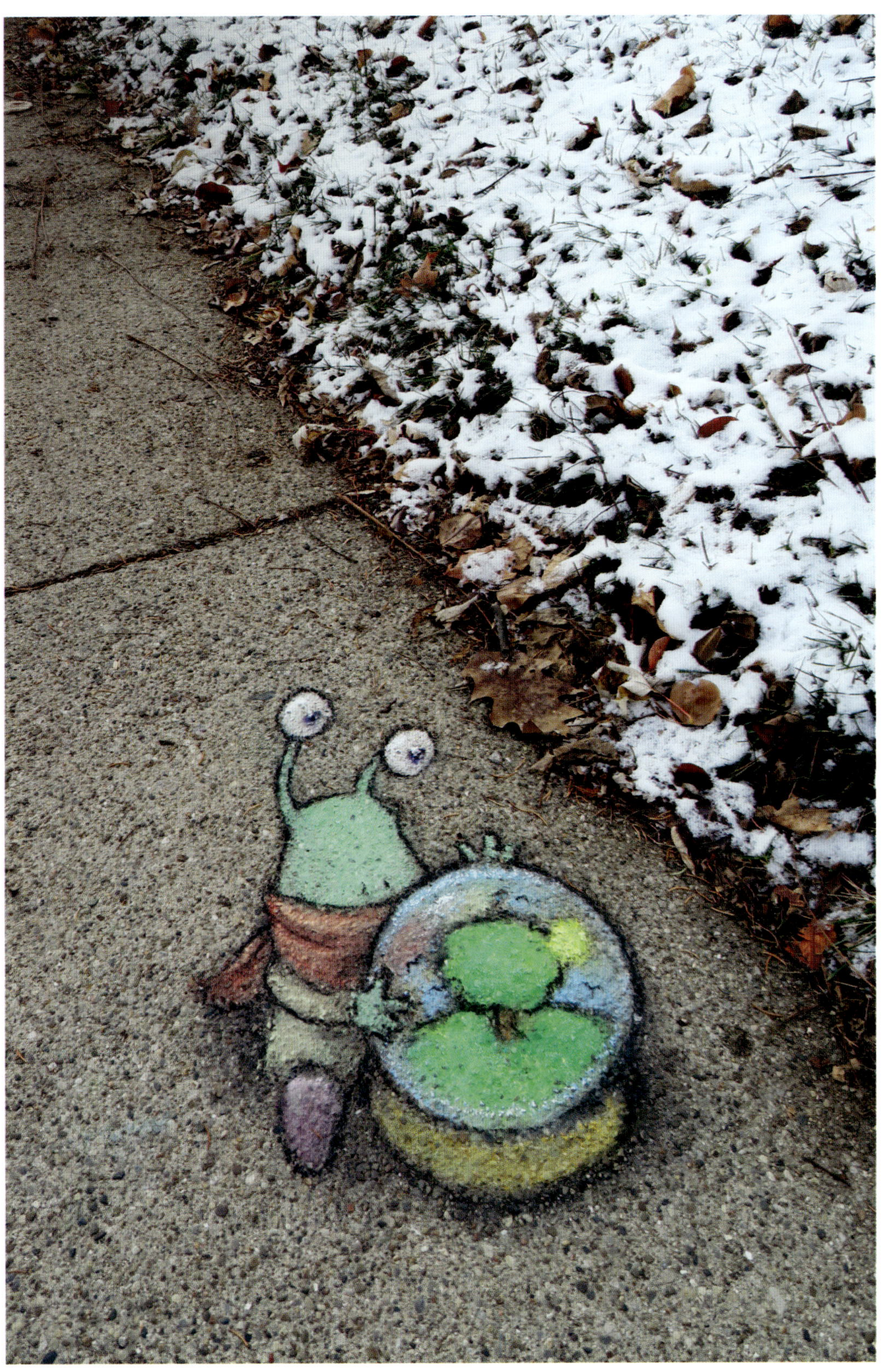

Sluggos Anti-Schneekugel

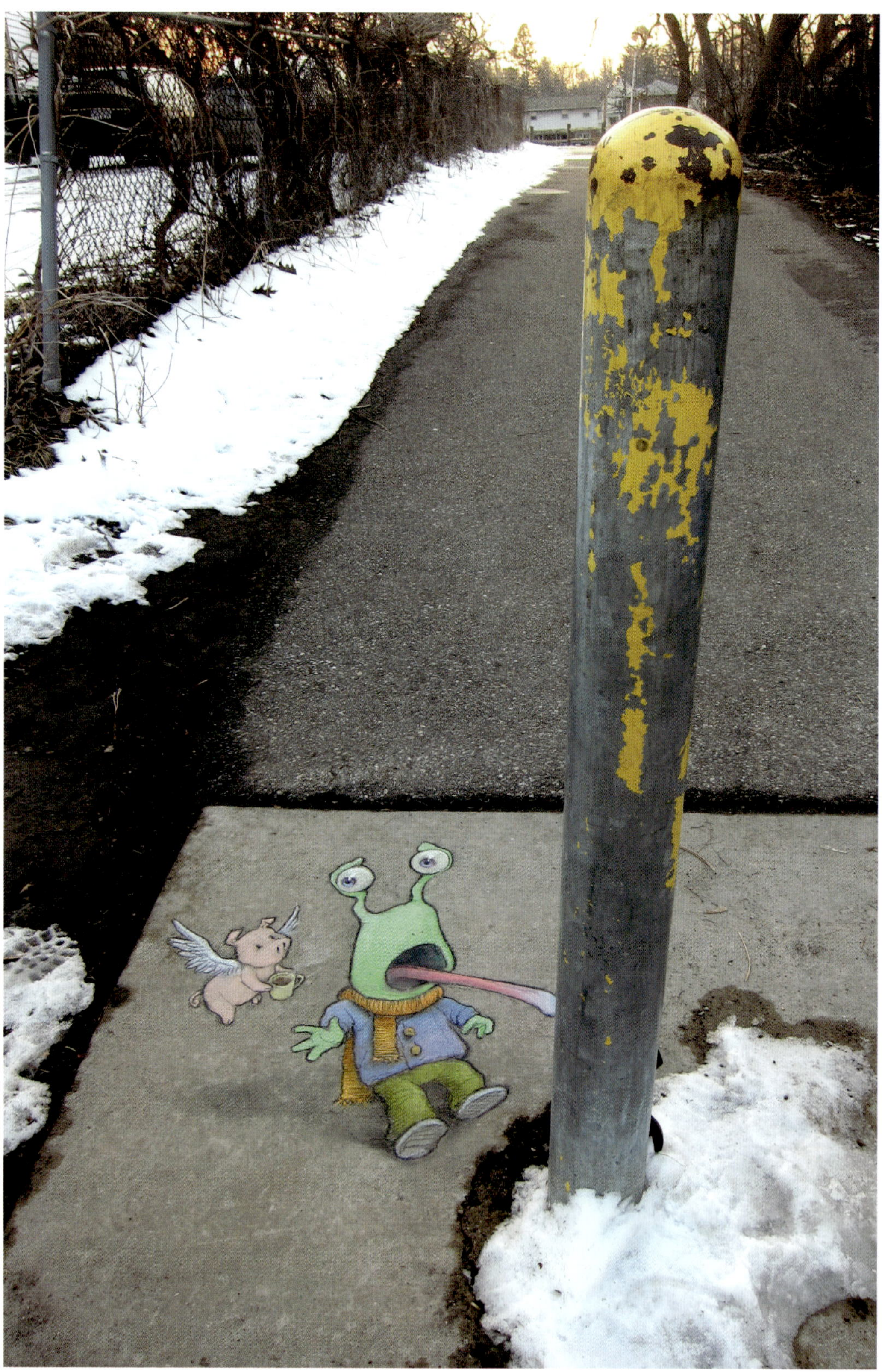

Jepp, immer noch zu kalt (wenigstens war es nicht eines seiner Augen)

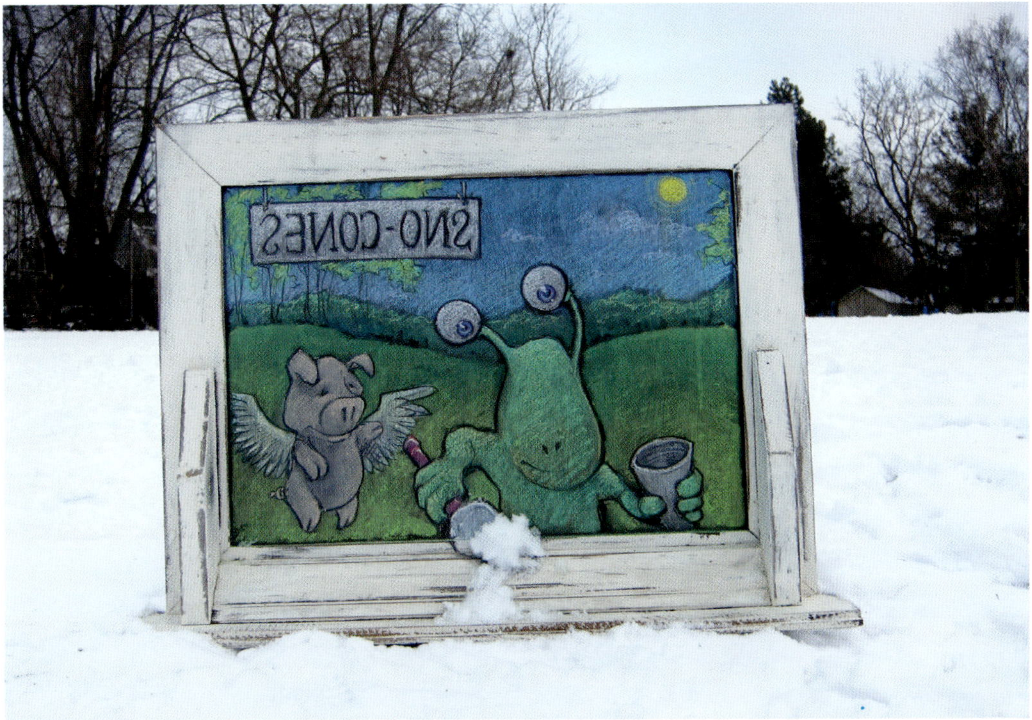

Die Arbeit des einen ist der Imbiss des anderen

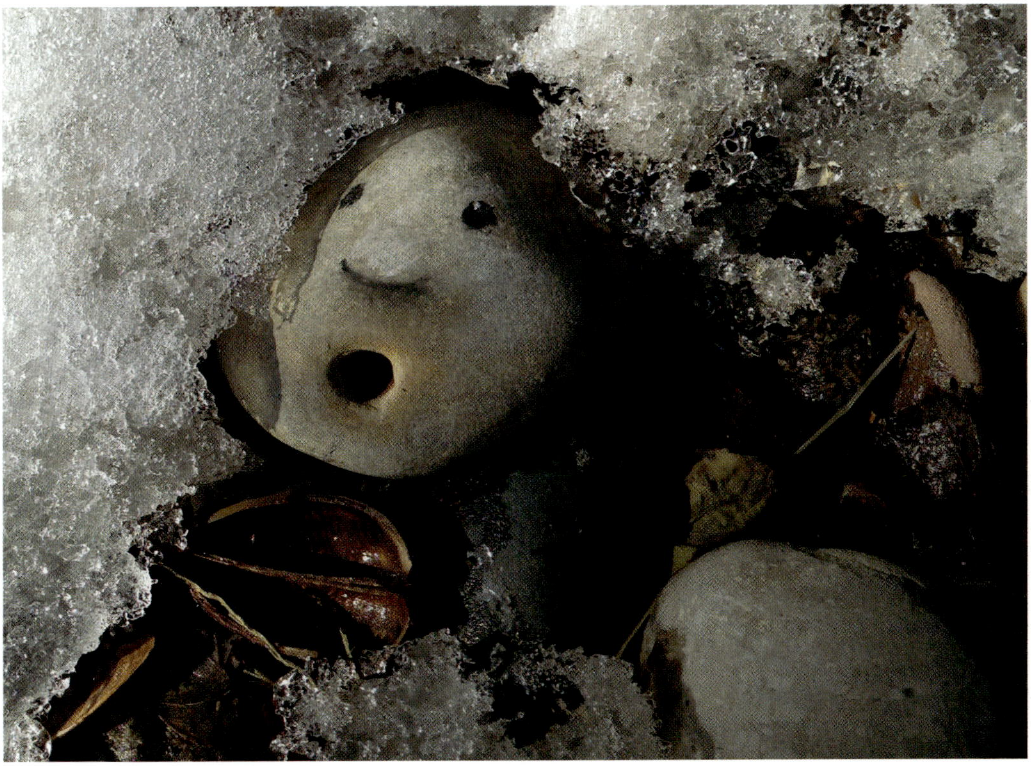

Da hat aber jemand lange nicht die Sonne gesehen

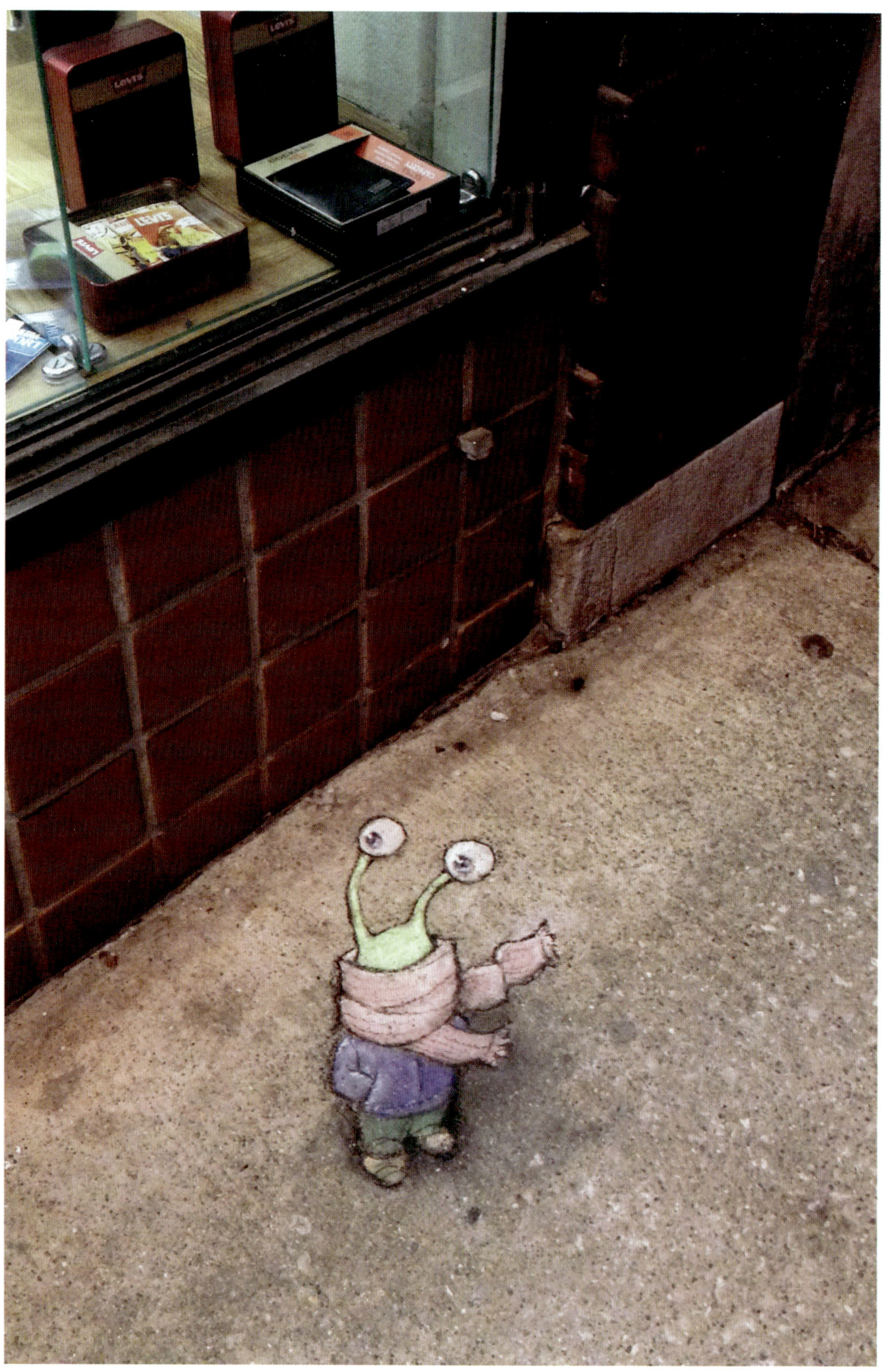

Nun, da Sluggo schließlich dem Verlangen nach warmer Kleidung nachgegeben hat, überlegt er, sich Augenwärmer anzuschaffen

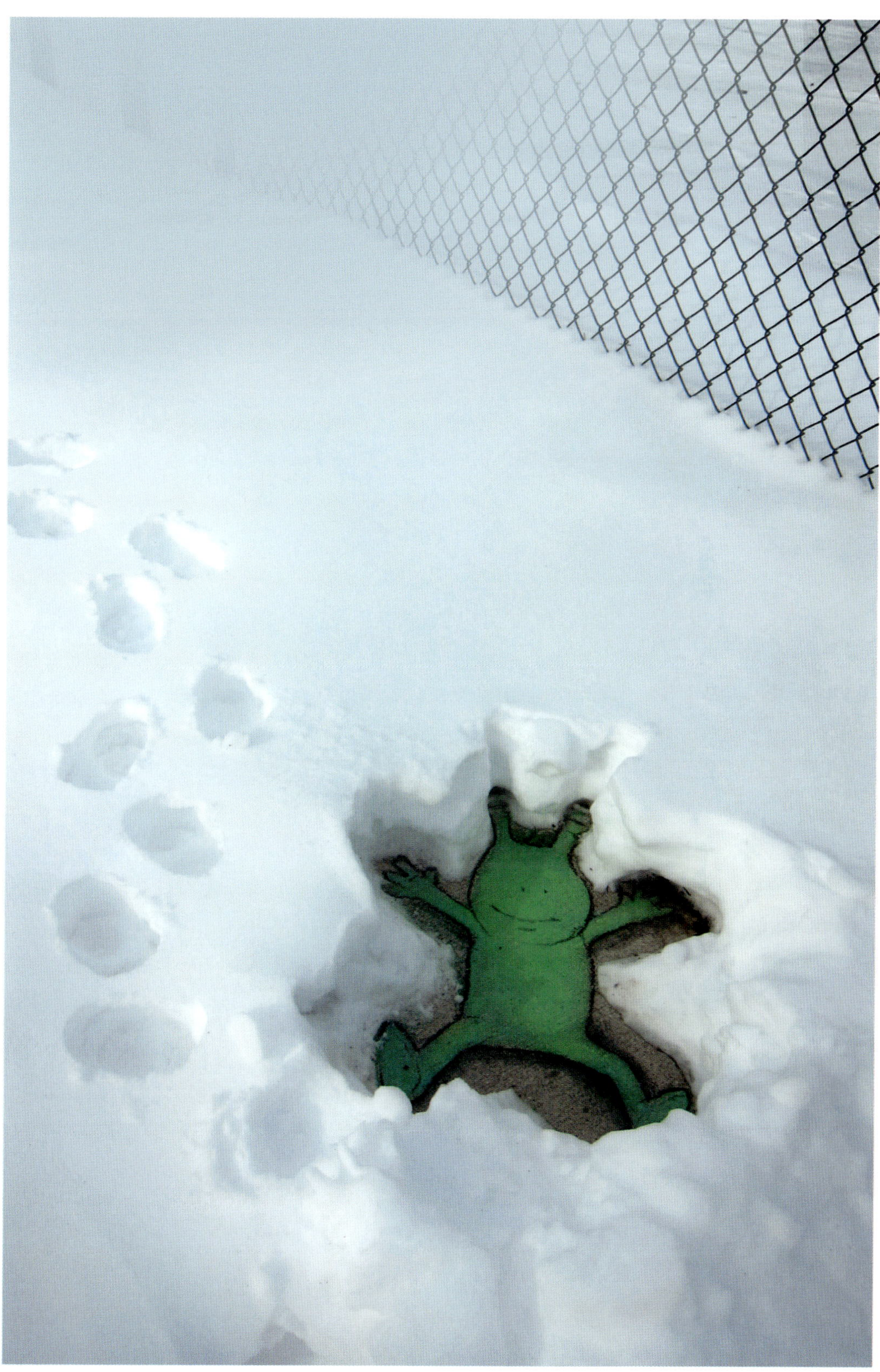

Sluggo versucht, die Wetterfestigkeit von Kreide mit einem unglaublichen „Slug-Engel“ zu beweisen

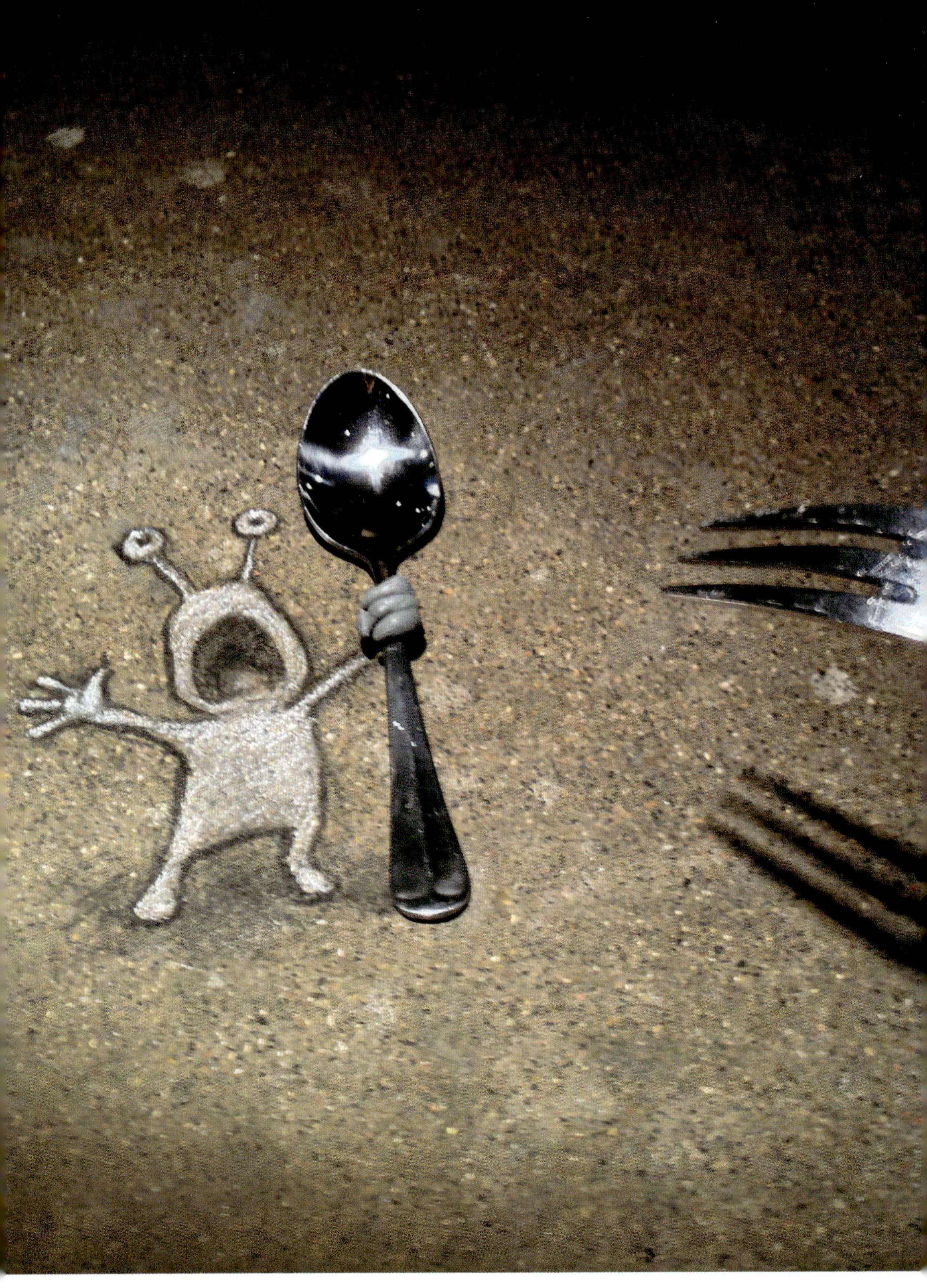

Komm niemals mit einem Löffel zu einer Gabelei

DIE GEDANKEN KREISEN BEIM AUSWÄRTSSPEISEN

Ein Hoch auf steinerne Bartheken und tolerante Barkeeper

Ob nun wegen zu hohen Schnees, starken Regens oder großer Menschenmengen in der Ferienzeit: Es wird immer Gründe geben, die das Zeichnen auf dem Bürgersteig unmöglich machen. Dem Himmel sei Dank gibt es auch drinnen genügend Möglichkeiten für Kritzeleien: Platzdeckchen aus Papier, Bierdeckel, Servietten … für jemanden, der gewillt ist, mit einem Stück Kreide hinter dem Ohr unterwegs zu sein, ist die ganze Welt eine Leinwand.

Ich sollte erwähnen, dass Kreidekunst drinnen immer auch von der Duldung durch das jeweilige Etablissement abhängig ist. Schließlich übernimmt Mutter Naturs Rolle als Kunst-Entferner hier ein Barkeeper mit Wischlappen. Technisch betrachtet gehören einige der Bilder in diesem Abschnitt nicht in dieses Buch, weil sie mit Bleistift (und Besteck) anstelle von Kreide angefertigt wurden. Aber wenn man die spontane Freude von Streetart in einem Lokal nachstellen will und dabei die Zeit beim Warten auf einen Hamburger totschlagen möchte, ohne den Zorn des Betreibers auf sich zu ziehen, könnte es Schlimmeres geben, als auf der Rückseite eines Bierdeckels zu kritzeln. Ich hatte das Glück, Zuflucht an vielen Orten zu finden, und möchte an dieser Stelle meinen besonderen Dank an das Café Zola aussprechen, dessen Theke ich als kreativen Rohrschachtest verwenden durfte, und auch an die Brauereien dafür, dass sie ihr Logo nur auf eine Seite ihrer Bierdeckel drucken.

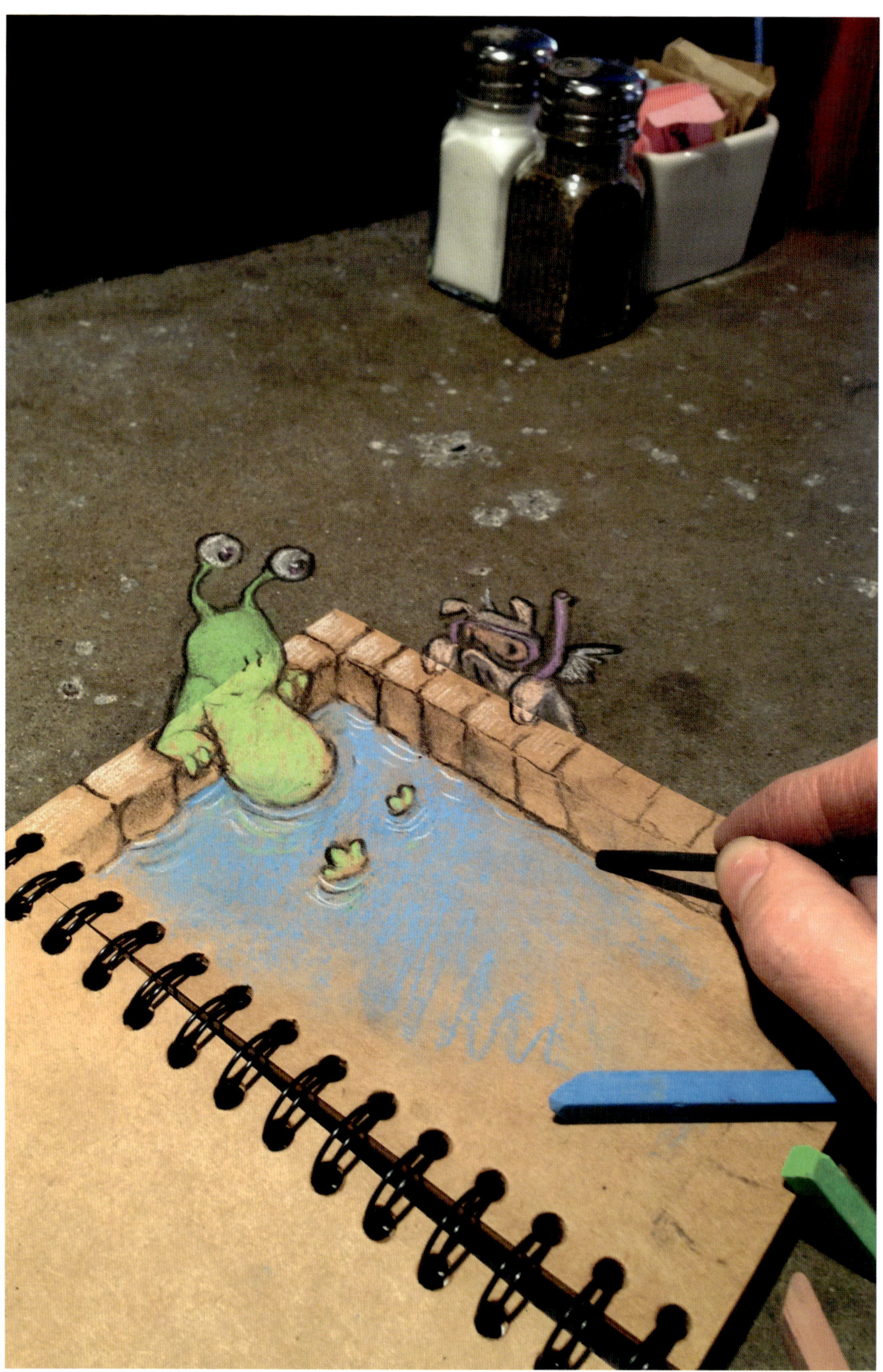

Nach einem langen Tag gibt es nichts Besseres als ein schönes heißes Bad

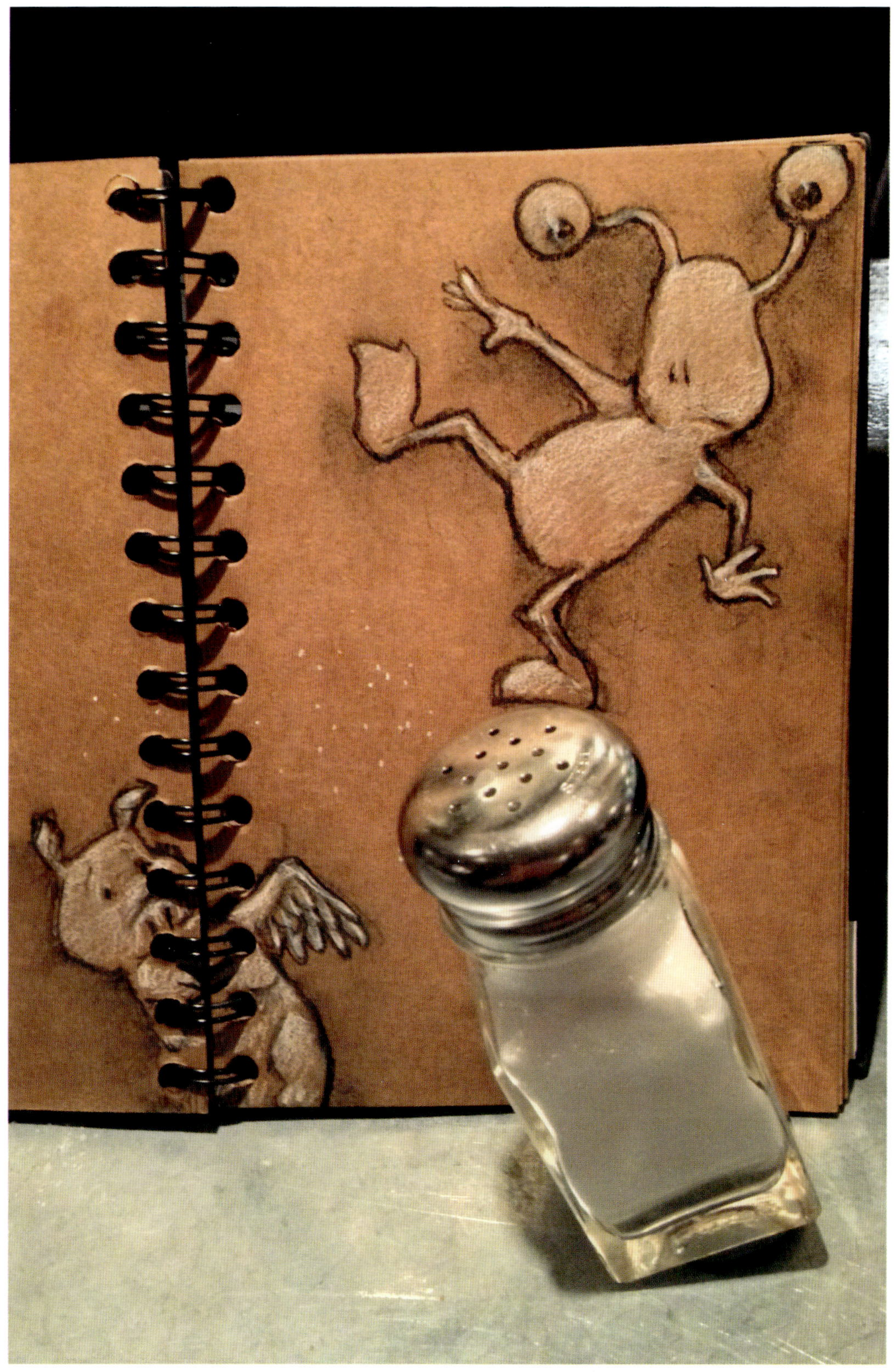

Sluggos Ernährungsempfehlung: „Verringern Sie Ihren Natriumhaushalt. Besonders, wenn er kurz davor ist zu kippen."

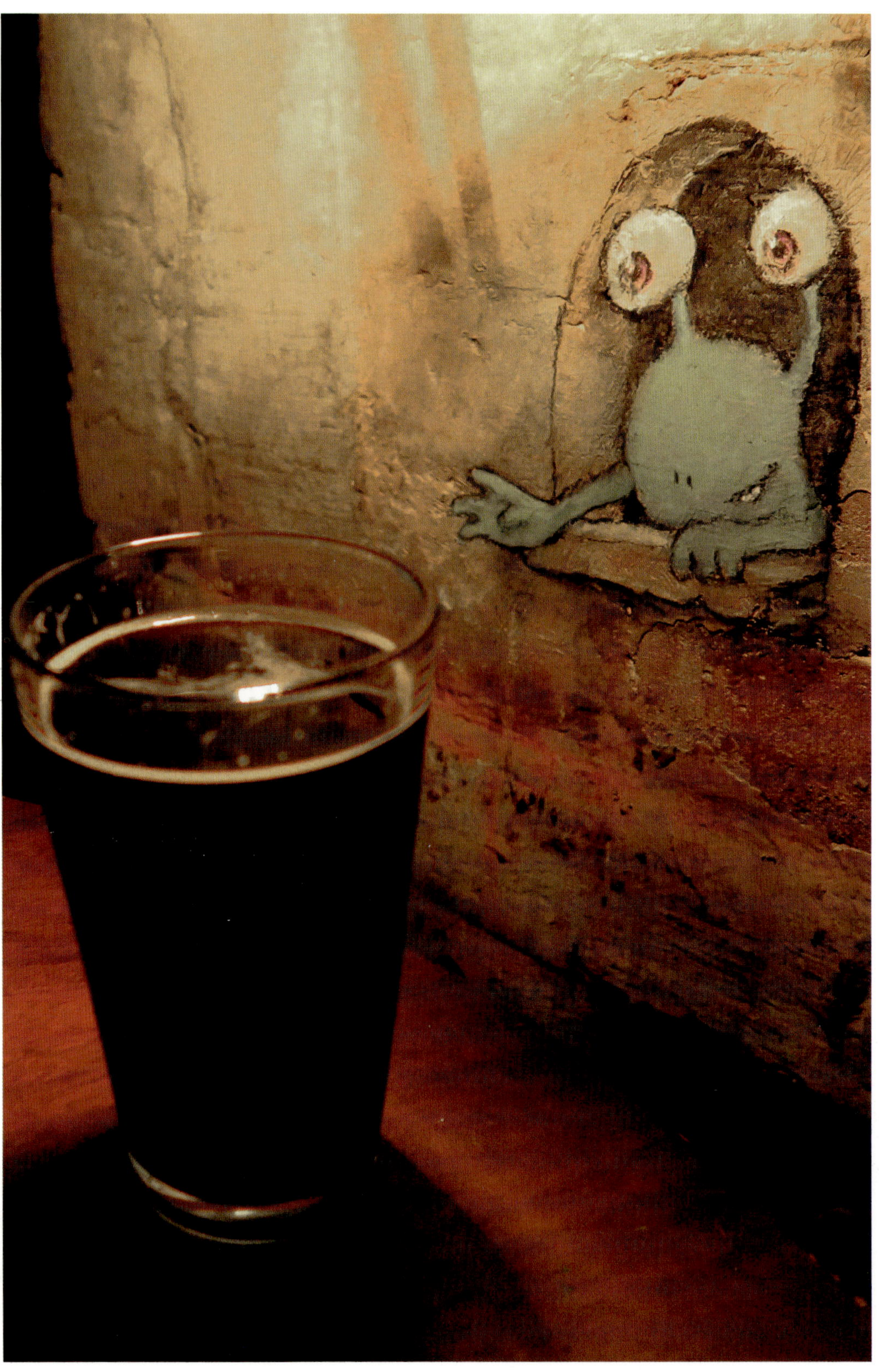

Sluggo entdeckt die potenziellen Vorteile einer Winterresidenz

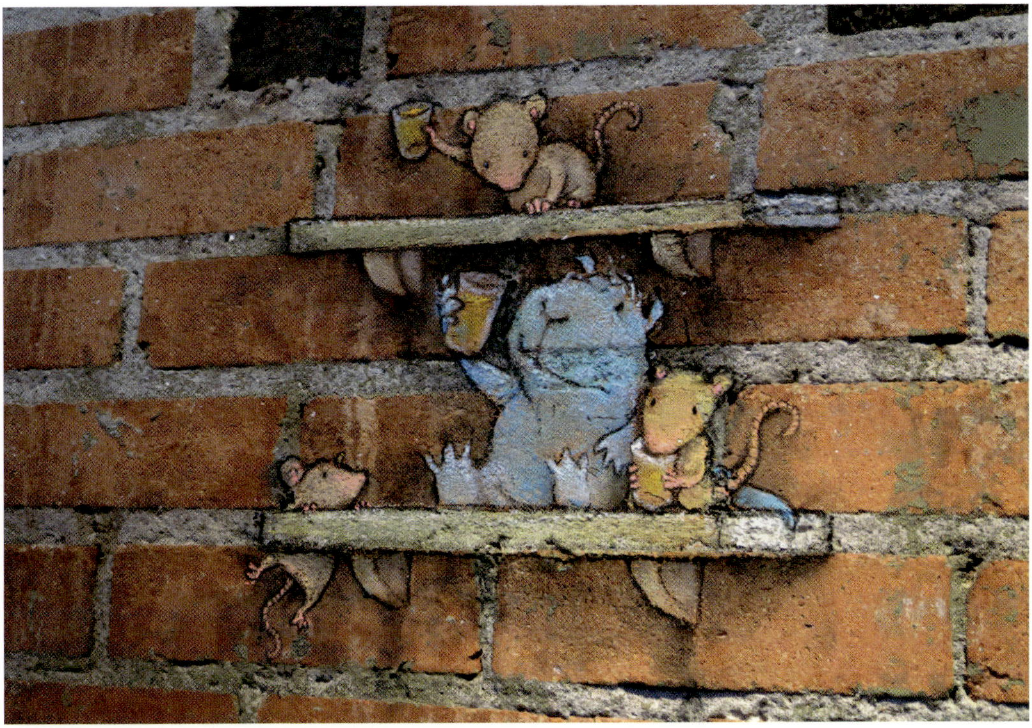

Ein paar Kurze

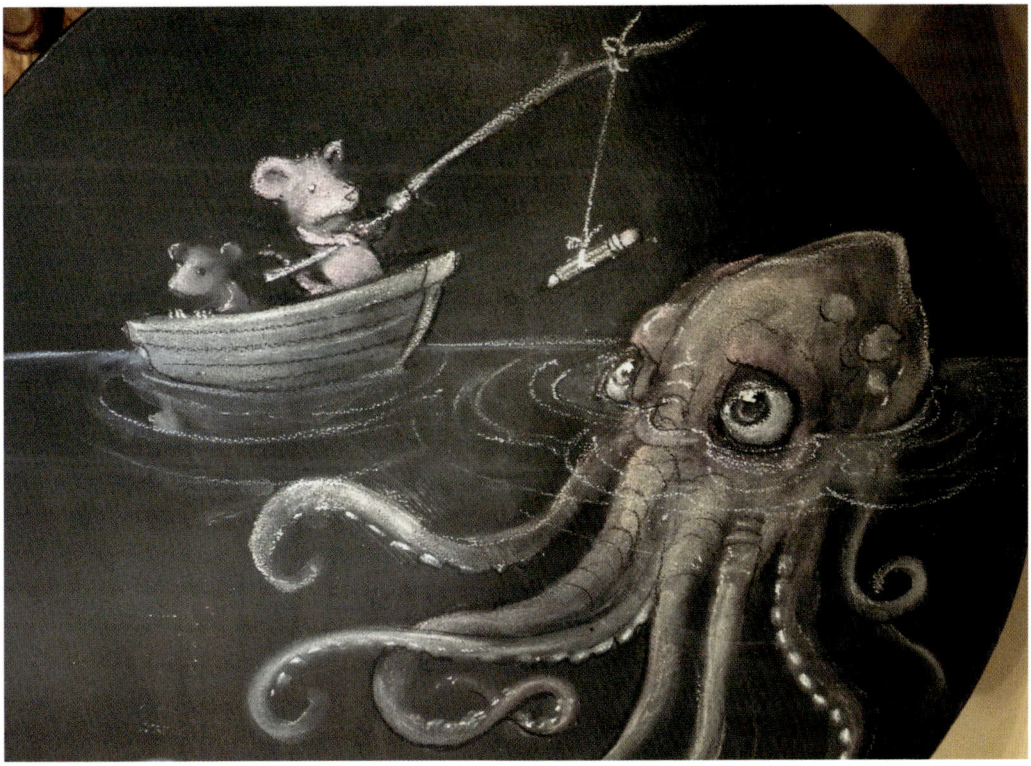

Käpt'n Gloucester angelt sich einen Brieffreund

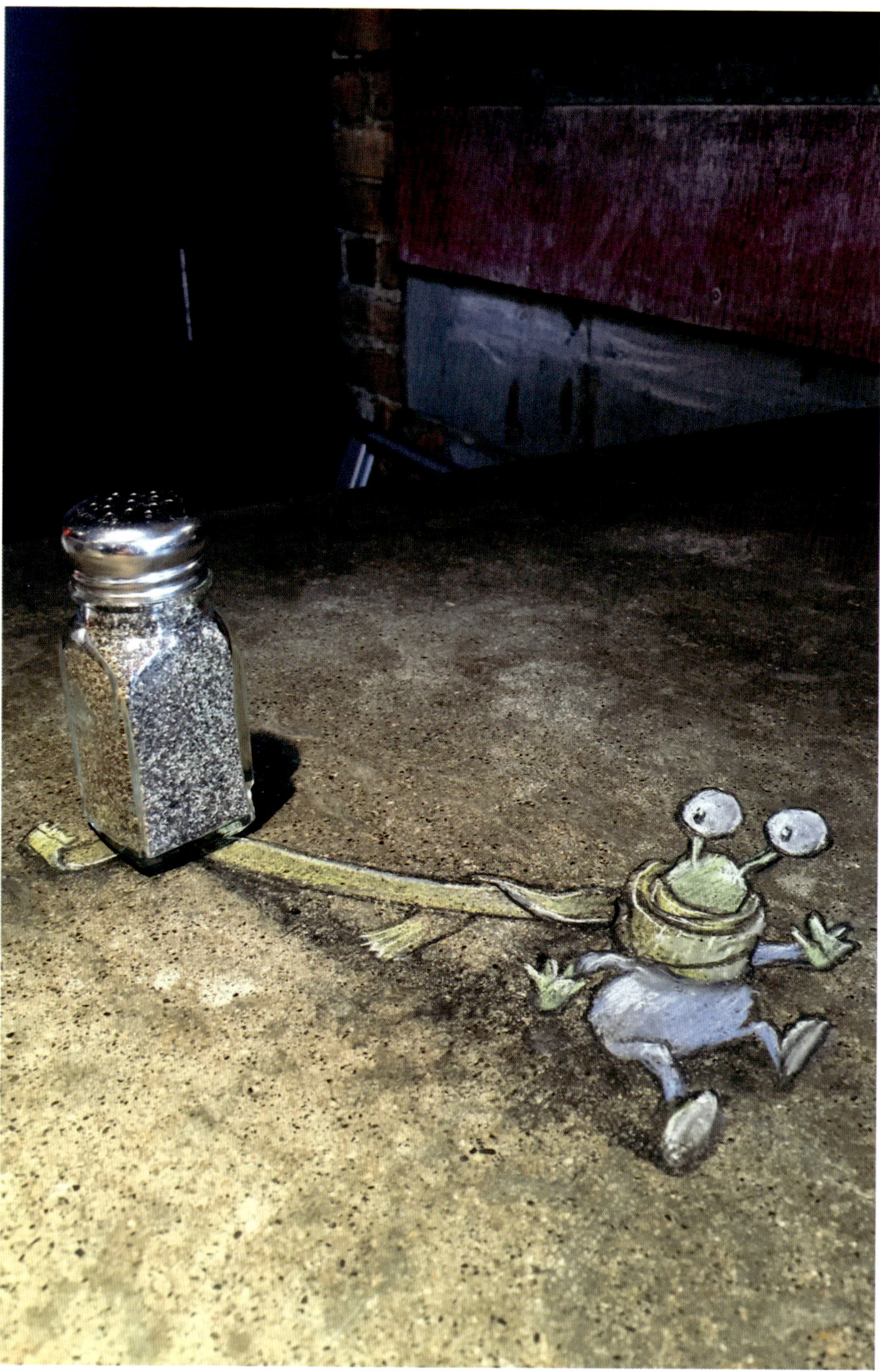

Allen Vorkehrungen zum Trotz hält das Leben die eine oder andere gepfefferte Überraschung bereit

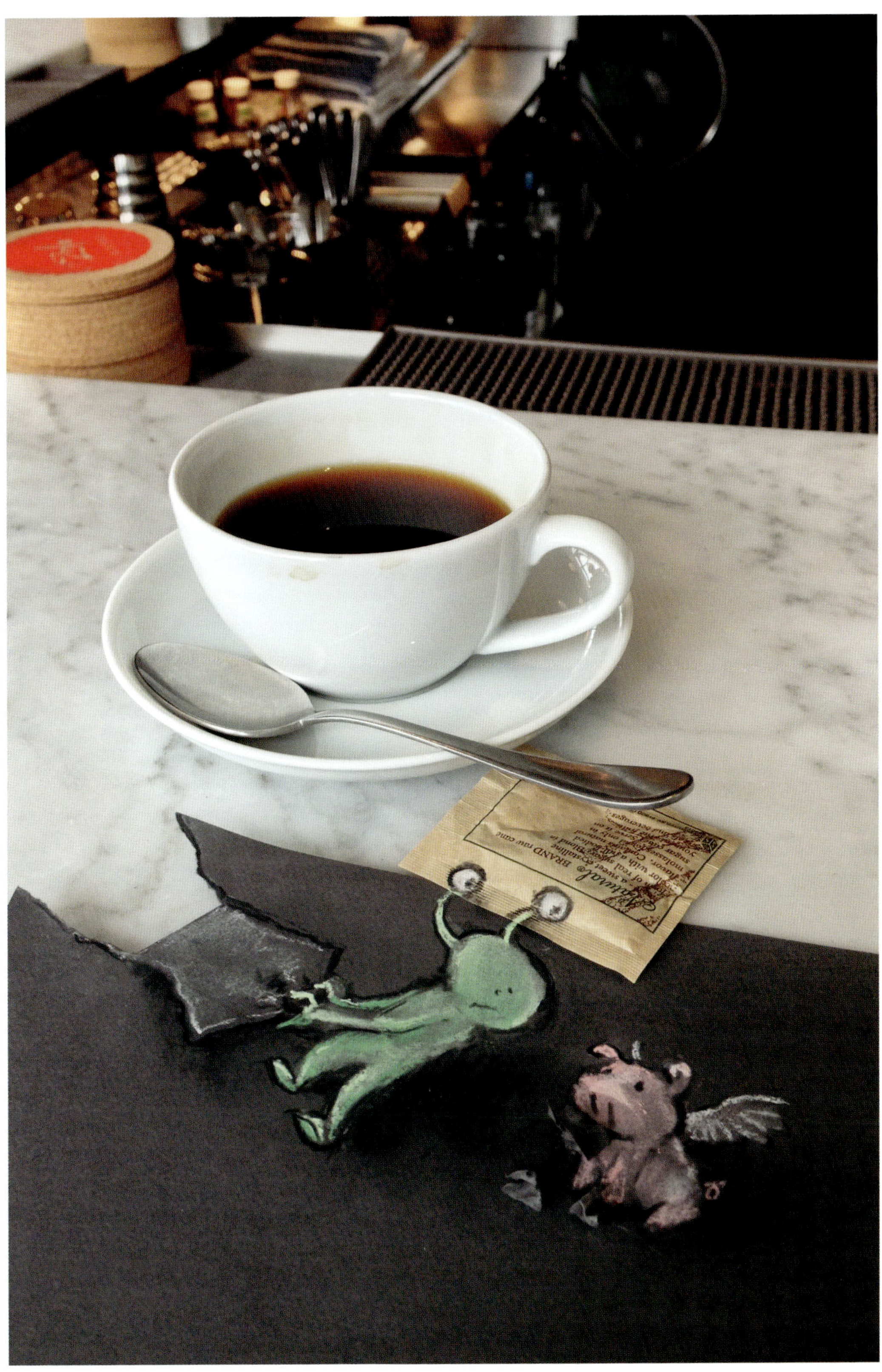

Neue Horizonte in der Tischkultur: das Abenteuer der willkürlichen Platzdeckchen-Zerstörung

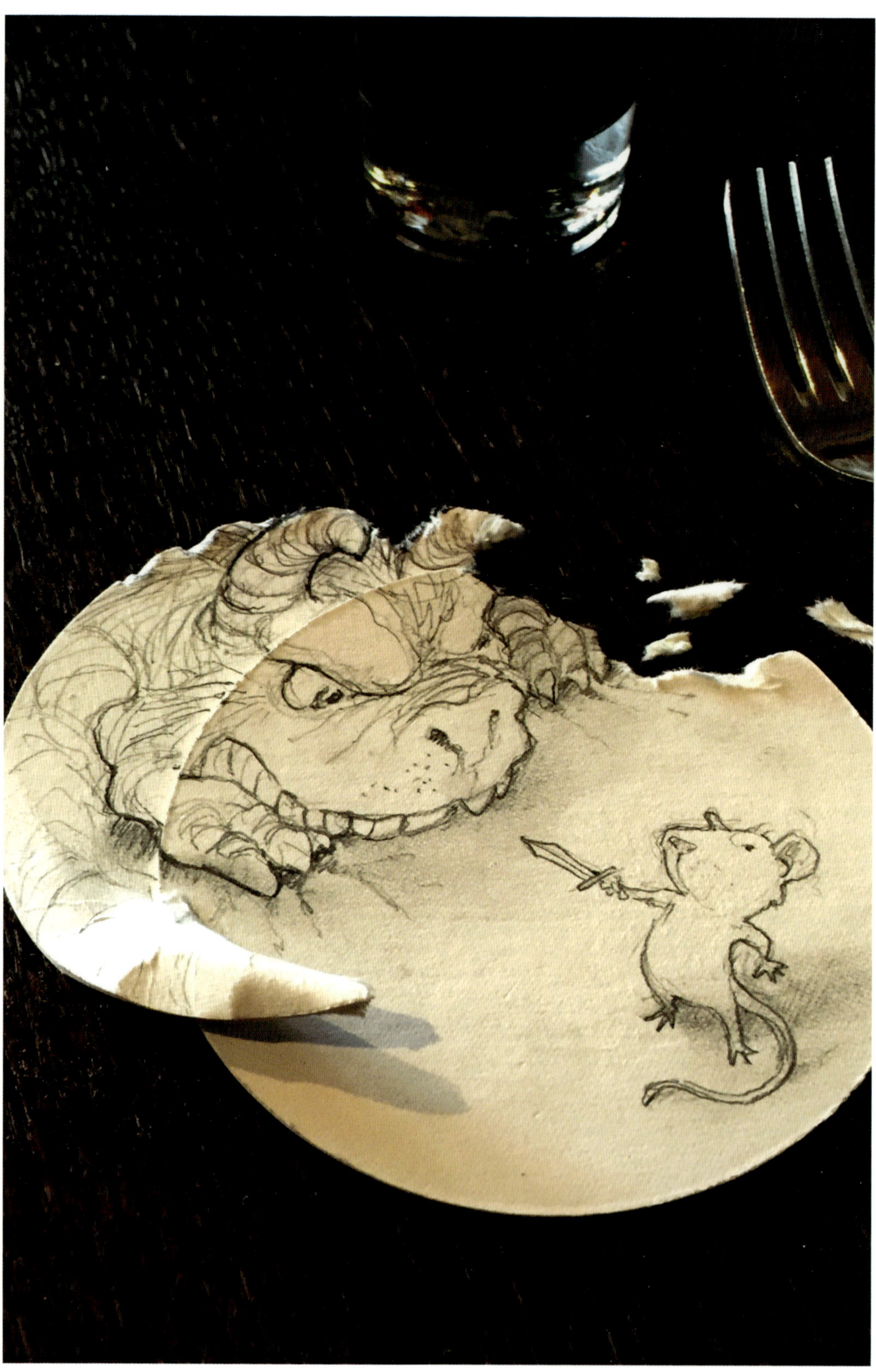

Bevor man eine Einladung zum Mittagessen annimmt, ist es lebenswichtig zu überprüfen, was auf dem Speiseplan steht – nur für den Fall, dass es sich um einen selbst handelt

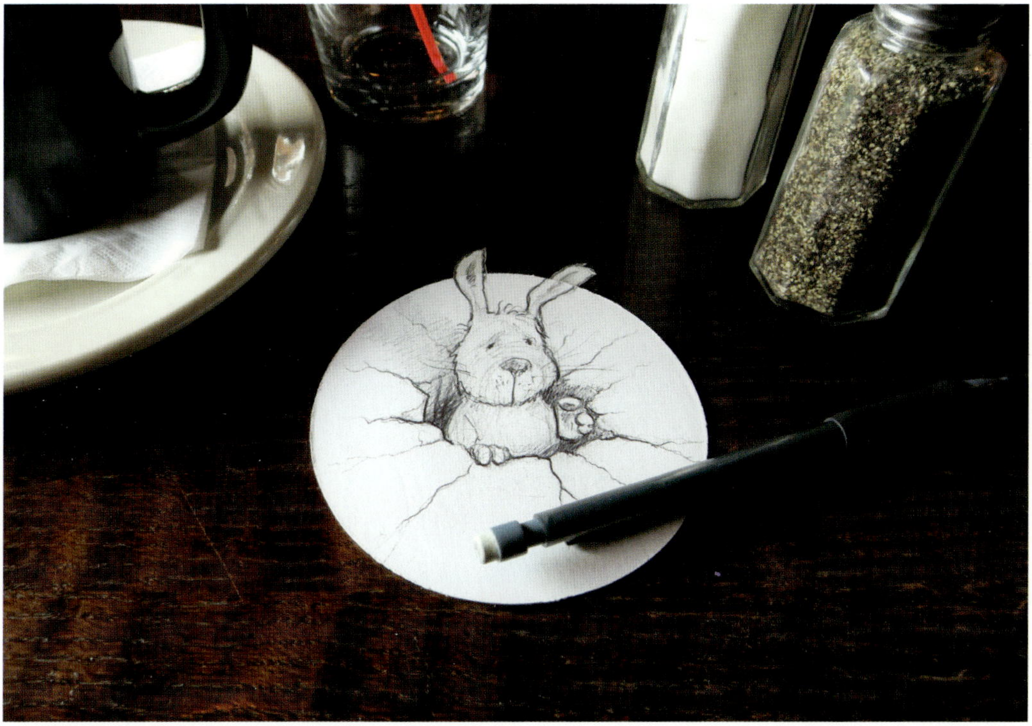

Das widerwillige Auftauchen des seltenen Unter-Setzer-Hasen

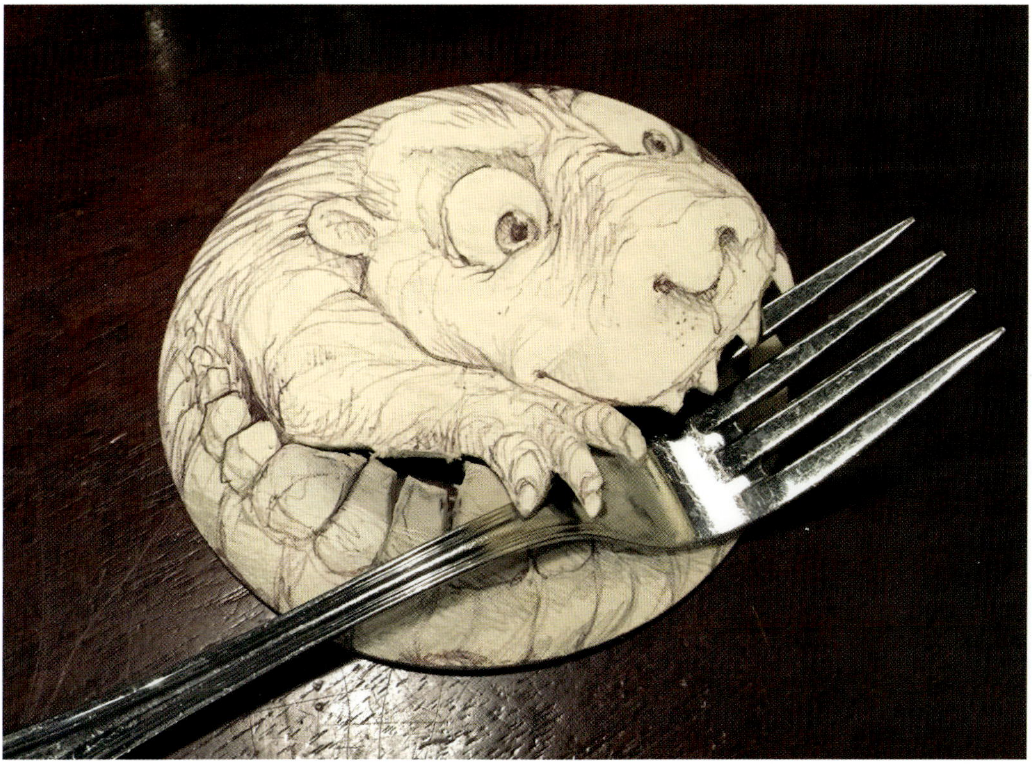

Die Schlacht von Pappenburg findet ihre Entscheidung an einer Weggabelung

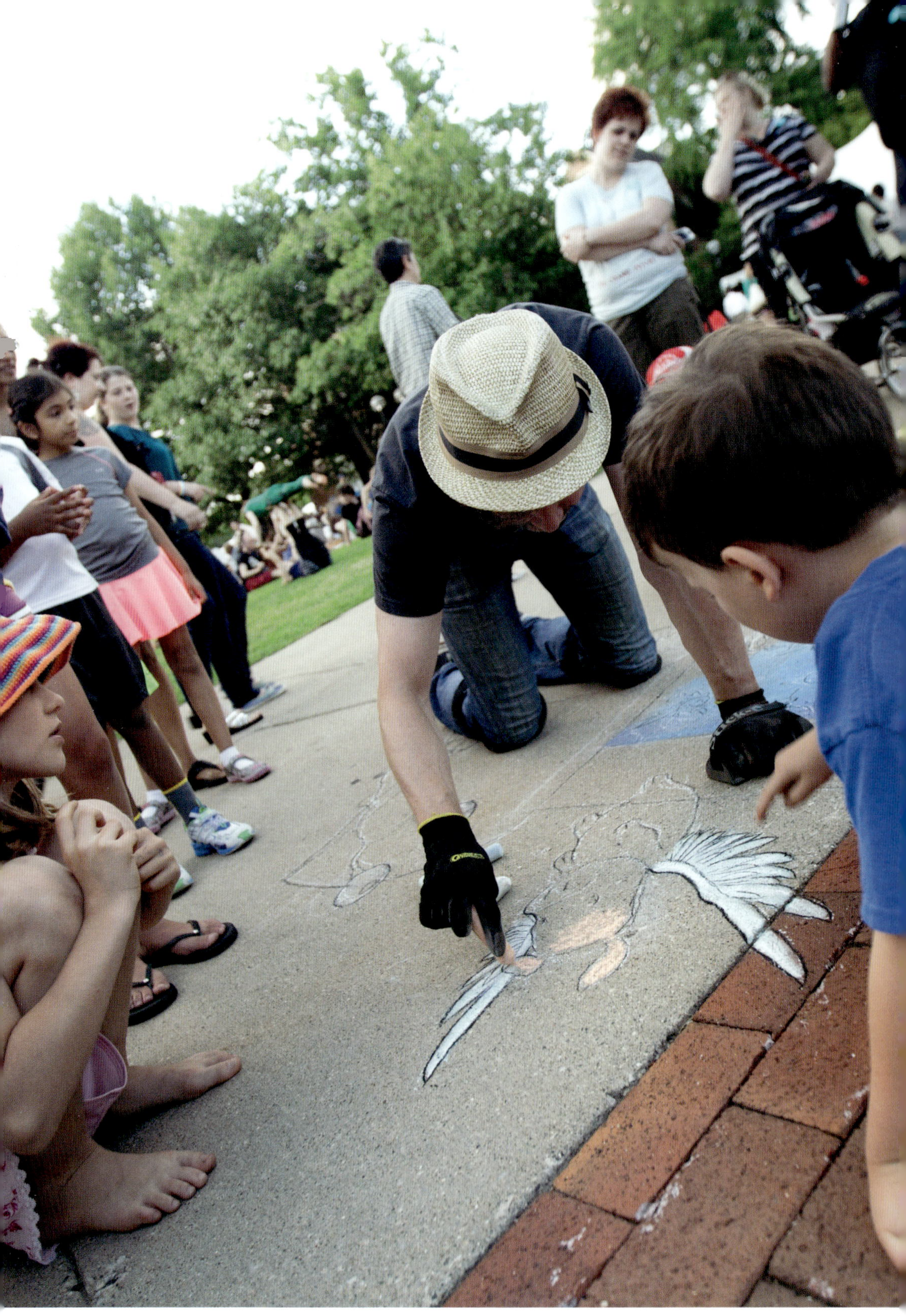

Foto: Ryan Doyle

BESCHÄFTIGE DEINE PHANTASIE (ODER ANDERE TUNES)

Die Frage, die mir beim Zeichnen auf dem Gehweg am häufigsten gestellt wird, ist: „Bist du dann nicht traurig, wenn es regnet?" Falls Sie sich dasselbe gefragt haben, lassen Sie mich hier ein für alle Mal darauf antworten: Nein. Im Gegenteil, die vergängliche Natur der Kreidekunst ist, was sie so befreiend und als künstlerisches Ventil so empfehlenswert macht. Nachdem ich jahrelang versucht hatte, „wichtige", zweckgesteuerte kommerzielle Kunst zu produzieren, war meine erste Bordsteinzeichnung albern, anonym und schnell vom Regen zerstört – perfekt für ungehemmte Kreativität.

Je weniger zuversichtlich Sie Ihre eigenen Zeichenkünste einschätzen, desto mehr würde ich Ihnen empfehlen, es einfach mal mit Kreide zu versuchen. Sie meinen, dass Sie nur Strichmännchen hinbekommen? Kein Problem. Strichmännchen sind handwerklich schon im oberen Drittel der Bordsteinkunst. Oder vielleicht steht Ihnen der Sinn danach, einfach nur Kreise zu zeichnen, bis die Kreide komplett aufgebracht ist und Sie eine riesige Sauerei angerichtet haben? Sie würden jedenfalls nicht der erste Mensch sein, der danach einen unbeschwerten Nachmittag verbringt.

Das bedeutet aber nicht, dass jeder mit dem Zeichnen anfangen soll, um sich auszudrücken. Ich empfehle es lediglich als Aktivität, die man beinahe überall und mit jeglichen Materialien ausüben kann. Dasselbe kann man allerdings auch vom Musizieren oder Geschichtenerzählen behaupten, und zweifellos haben manche Leute genauso Spaß am Erzählen von Witzen wie ich daran, einen Kieselstein wie einen Käfer aussehen zu lassen. Wenn Sie etwas tun, das Sie wirklich genießen, das Ihrer Seele guttut und das keinen praktischen Nutzen hat, dann sollten Sie das wahrscheinlich öfter machen.

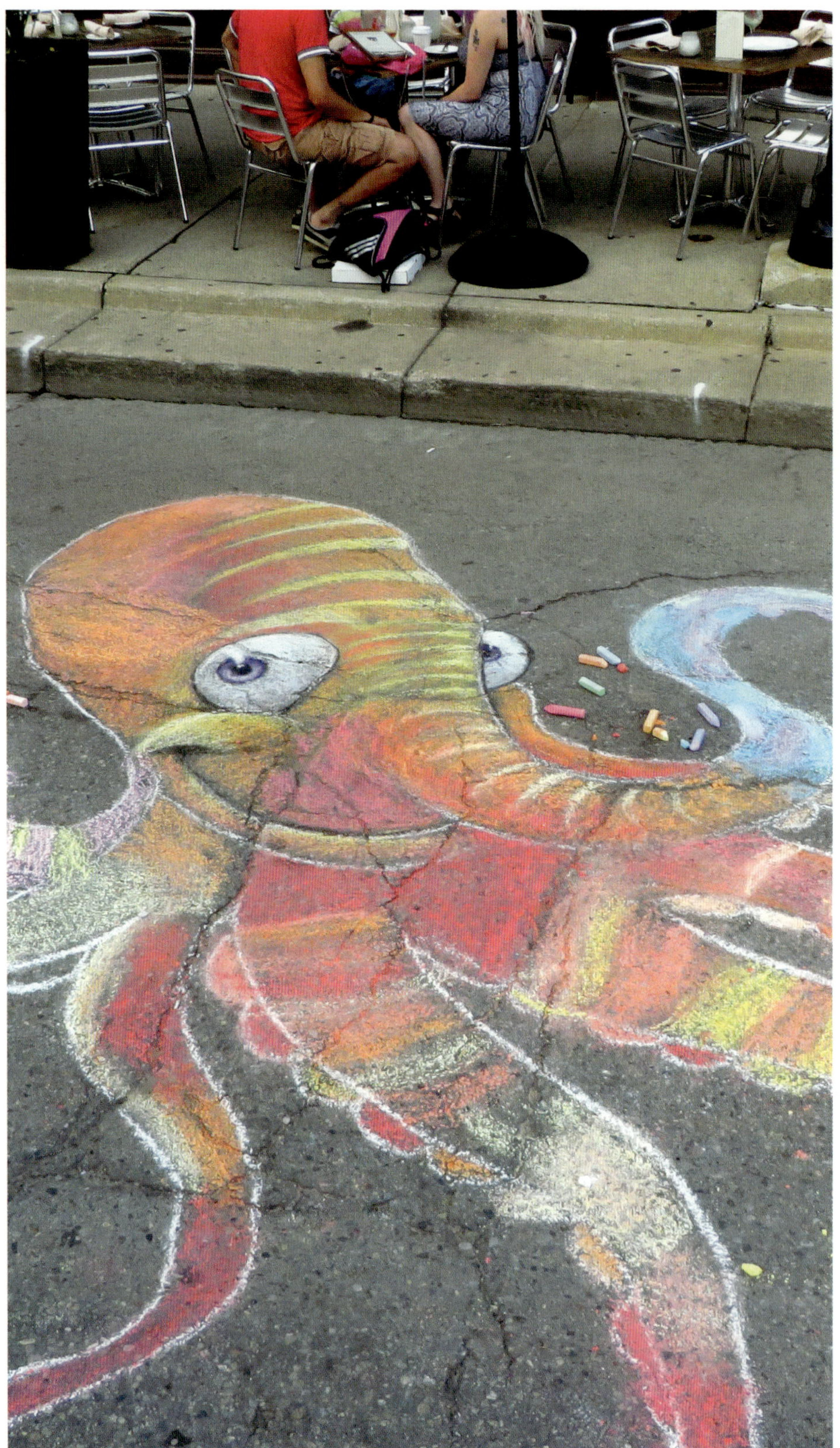

Gruppenzeichnung im Rahmen von „Zebras auf der Straße", einer Veranstaltung des Programms für Immunhämatologie am Kinderkrankenhaus der Universität von Michigan

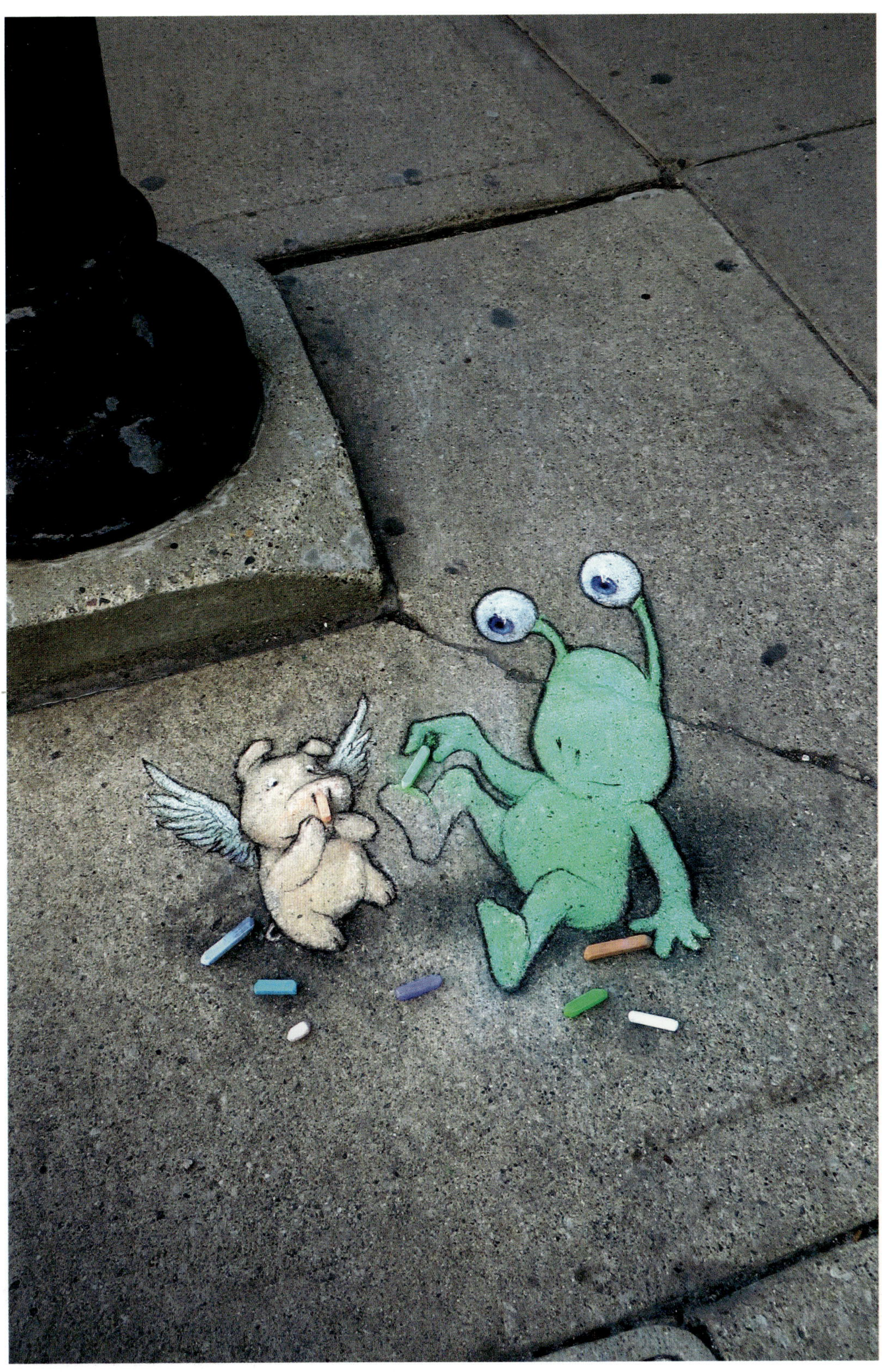

Ein guter Tag, um draußen zu sein und etwas Farbe zu bekommen

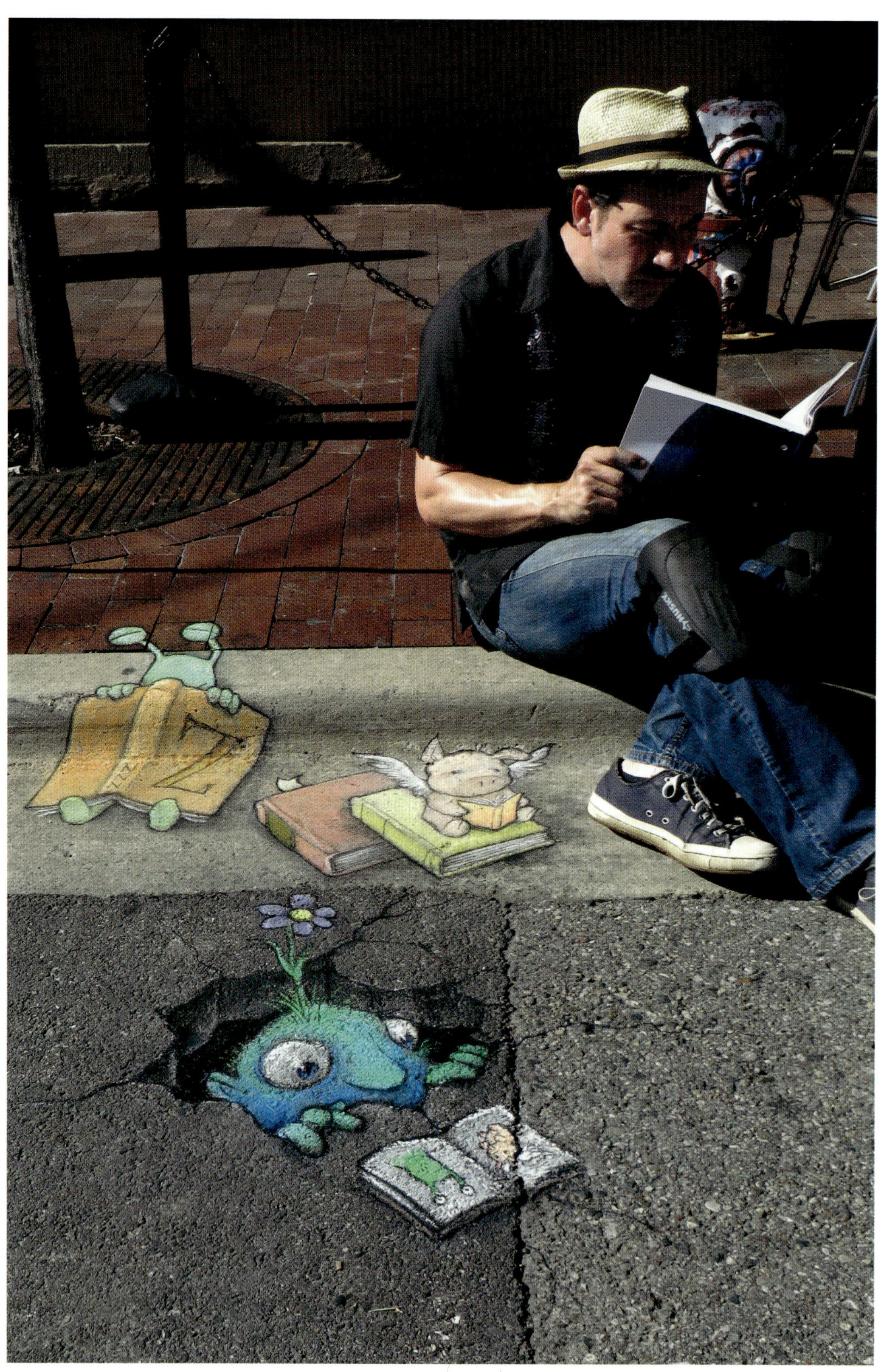

Lesen ist elementar, ansteckend und einschläfernd

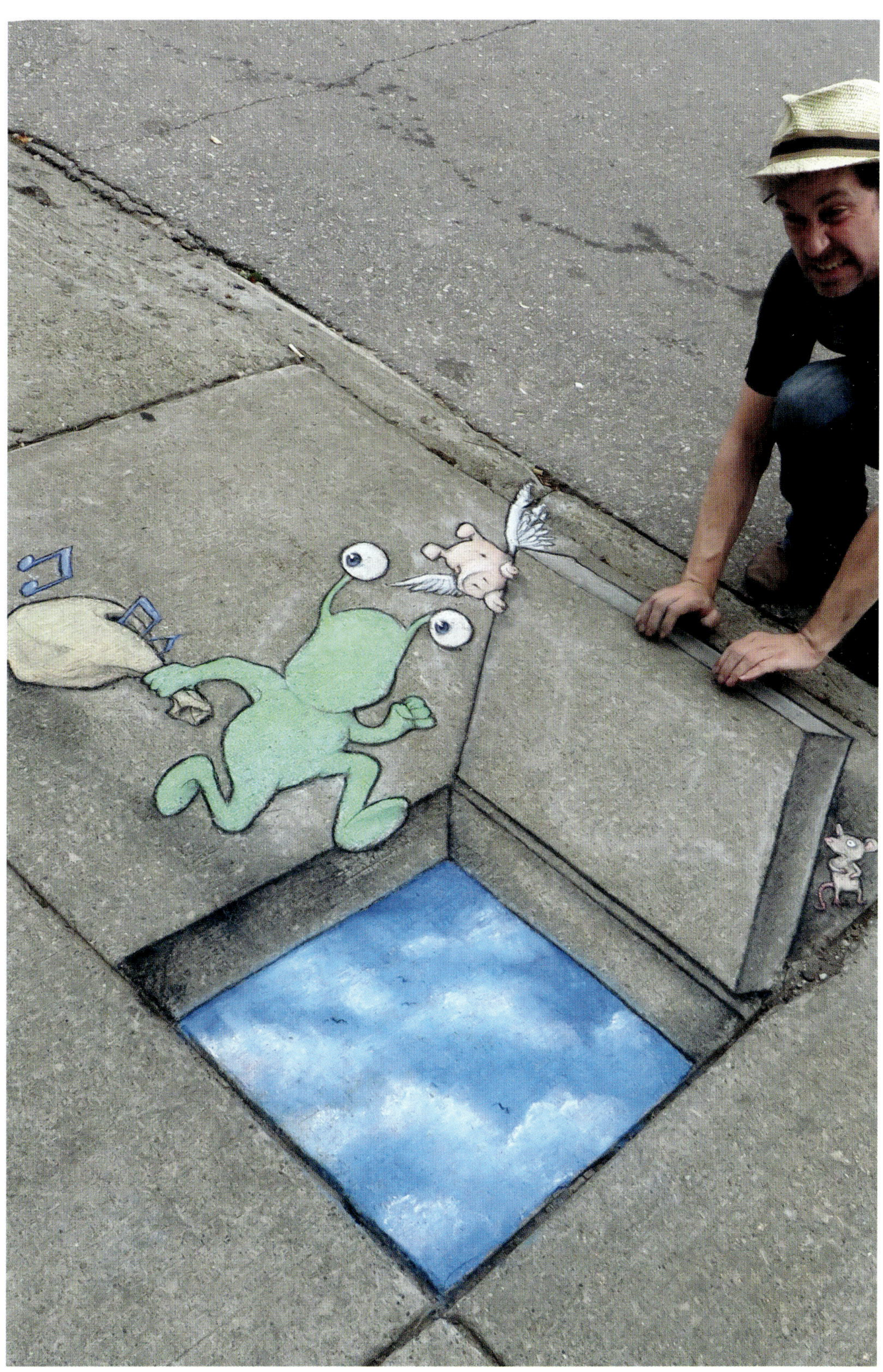

Der Musik-Dieb macht den Abflug

Für meine Eltern,
die mich immer ermutigt haben,
auf den Platzdeckchen in Restaurants,
Notizblöcken in Wartezimmern
und im Allgemeinen auf der Unterseite
der Welt zu zeichnen.

Und für meinen Bruder,
der mich dabei nie alleine ließ.

www.mitteldeutscherverlag.de

www.zinnart.com

Gesamtherstellung: Mitteldeutscher Verlag, Halle (Saale)
Deutsche Übersetzung: Cedric Kollien

ISBN 978-3-95462-917-6

Printed in the EU